中公文庫

古本道入門

買うたのしみ、売るよろこび

岡崎武志

中央公論新社

目次

地図作成／ケー・アイ・プランニング

古本道入門

買うたのしみ、売るよろこび

まえがき

古本はおもしろい。そして、古本屋もおもしろい。

いま、そう書いてみて、我ながらつくづく、本当にそうだなあと感心しているところである。小学校の帰り道、駄菓子を買うように古本屋でマンガのフロクを買い始めたのをふりだしに、高校時代から古本屋通いが本格化する。大学時代は、古本イコール文学と考えていた節があり、せっせと少しでも安く、目当ての文芸書を足で稼いで探すようになった。

六十歳目前に達したこの年まで、一度たりとも、まったく飽きることなく、古本買い、古本屋通いを続けている。ほかの趣味は中断したり、あるいはいつのまにか手を離れたりしたが、こと古本趣味に限っては、つねに座右にある、わが相棒なのである。

長続きした理由は簡単で、単におもしろいからだ。それにおもしろさがわかればわかるほど、おもしろさが多岐に分かれ、それぞれのジャンルで深くなり、また高みへと上がっていく。尽きない興味が、また別の次元へと私を連れていってくれるのだ。

もちろん、私の場合、書評や文学ガイドといった文章を書くライターという特殊な職業に就いている事情も大きく働いている。直接、本が必要になるわけで、それは新刊に限らない。いや、古本屋や古本市をパトロールすると、目当て以外の本も一緒にくっついてくる。目当ての本は手に入らなくて、おまけの本でカバンが重たくなることもしょっちゅうだ。

ときどき、「古本はどうも苦手で」とか、「若い頃はよく古本屋巡りをしたけれども、いまは時間がなくて」という同業者に出くわすが、ただ呆れるか、忙しがってこんな楽しみを放棄するなんてかわいそう、と哀れむだけだ。

一度、古本の楽しさを知ってしまったら、容易に手放せるわけがないと私は真剣に思っている。それは、井戸の周りを巡って水の在処《ありか》を知るだけで、桶を下ろして、水を汲み上げないのに似ている。水に手を触れないで水を論じても、それは体を成さないはずだ。

ちょっと話が行き過ぎた。もとへ戻そう。

よく目にするのが、いまの新刊事情を憂えて、品切れ絶版のサイクルが早すぎるため、見つけたら買っておかないと、すぐ手に入らなくなるという言説だ。それが作家や評論家など、本を書くプロパーからの発言であるのが気になる。本当に、そんなふうに考えているのかね。だったら、あまりの認識不足にお笑いだ。

新刊書店の店頭から消え、出版社の在庫から消えると、もうそれでおしまいで、本が手に入らなくなるなんてカマトトぶっている態度は噴飯もの。少部数の資料もの、あるいは非売品の限定版など特殊な出版物や、よほどの入手困難な本を除けば、一度この世に生まれでた出版物の多くが、古本というフィールドでなら入手可能なのだ。

私は、必要があって本を探すとき、グーグルなどに書名を入力して検索するが、新刊では品切れ絶版になっていても、「日本の古本屋」「アマゾンのマーケットプレイス」など、各種、古本を扱うサイトにたいてい引っかかってくる。それでも、ウンともスンとも痕跡が見つからない場合もあるが、まったく手掛かりがないわけではない。蛇《じゃ》の道はヘビというヤツで、その道を専門とするプロの古本屋店主にお願いをすると、脇からあっさり出現することだってある。

一般の書店が扱う本は「氷山の一角」にすぎない。ふだんは目につかないが、海面下に深々と眠る巨大な氷の層があるのだ。私は「氷山の一角」を観察しつつ、同時に海中にもぐって、広々と裾を広げる氷山の総体も、できれば手で触っていたい。

古くは平安時代から、新しくは今日出た本まで、古本というフィールドはなんでもあり、の世界だ。いや、本だけではない。地図、ポスター、絵葉書、双六《すごろく》、観光案内、映画のパンフレット、新聞小説の切抜きスクラップ、肉筆資料ものなど、およそこの世の空気に触れた、ありとあらゆる紙媒体を商品として扱う。そこに残す意志さえ働けば、なんでも残るのだ。

手放した人が、廃棄処分するに忍びないと「残す意志」を込めて、古本屋に持ち込む。古本屋もすべて買い取るわけではなくて、商品価値や将来性など「残す意志」を金額に換算して引き取る。それをまた別の客が価値を認めて買っていく。また売る。そうした「残す意志」の連鎖が流通して、初めて本は「残る」のである。

また災害や戦争など外敵による受難もある。地震で押しつぶされ、津波で流され、火事で焼き尽くされ、あるいは焚書《ふんしょ》というかたちでも本はこの世からおびただしく消えていった。また、ベストセラーの売れ残りなど、用済みになってつぶされていく本もある。残ることがすでに「奇跡」なのである。

じっさい、もしこの世に古本とそれを扱う古本屋がなくなったら、と仮定してみればいい。文学に限って言えば、若者に受けのいい人気作家の本と、教科書で扱われる作家の作品しか店頭に並ばない。ある時代、多くの人に読まれた源氏鶏太《けいた》も獅子文六《ぶんろく》も石川達三も石坂洋次郎も、記憶のなかでしか会えなくなるのだ（電子書籍というのはまた別の話）。年輩の人は時代小説しか読まない、としたら、花も実もない、あまりに殺伐とした読書事情ではないか。

明日、見知らぬ、新しい本と巡り会えるかもしれない。それだけで、人生、今日の安らかな眠りと、明日の目覚めを待つ理由がある。ほとんど毎日、古本と戯れる毎日を送っていても、こんなのは見たことない、という本と必ず出会えるのだ。そこに驚きがあり、鈍る感性へのキックがあり、使わなかった好奇心の電球がまた一つ点灯する。死ぬまぎわの一瞬まで、この「古本道」の更新は続くのだ。

扉は誰にでも開かれている。しかも百円という少額から始まる買い物の喜びがあり、文字が読めれば誰でも楽しめる敷居の低さもある。

私はよく言うが、古本を本当に楽しむには、お金はなくてもいいが、好奇心だけは絶対必要だ。その人が、内に、楽しめるバリエーションをどれだけ持っているかが、古本で試されているようなところもある。

もう一度言うが、「古本道」への扉は誰にでも開けられる。あとは、押すだけだ。

第1章
いま、古本屋がおもしろい

イラスト／著者

古本屋のイメージが大きく変貌

思いがけず仕事が少し早く終わった日、あるいは秋の休日、夕暮れ時。気まぐれに自分の住む町をぶらついているとしよう。予定はなく、心はおだやかだ。

ふと坂の途中で「古本」という看板の字に目を留める。「おや、いつのまにこんなところに古本屋ができたのだろう」。忙しい毎日に明け暮れ、古本屋へ立ち寄る気持ちも機会も失っていた。それでも学生時代には、資料探しや、ひいきの作家の旧作を求めて、学生街の古本屋を訪ねたものだ。懐かしいなあ、ちょっと立ち寄ってみようか。

そう思ったあなた。じつはいまほど、古本屋がおもしろい時代はないのである。この十〜二十年ぐらいで、古本屋も大きく様変わりした。たとえば、女性の店主と女性客が増えてきたこともその一つ。洋書を含め、美術書や写真集、それに展覧会カタログ、デザインや建築の本などを、お洒落に陳列する新しいタイプの古本屋が出てきた。

そのうえ、カフェを併設する店もあれば、酒場で古本を売る「複合型」の店もある。二十代、三十代の若者が、自分の蔵書の延長で始めた小さな店も目にするようになった。あるいは、脱サラして避暑地の信濃追分《おいわけ》に作った古本屋や、京都や長野では、古民家を改造したタイプの店まで現れた。

ここへネット販売や、チェーン店の大型新古書店、路上で素人の銘々が持ち寄った本を売るフリマタイプの「一箱古本市」なども加わる。古本の売り方のバリエーションが驚くほど増えたのである。ひとことで、「古本屋」と書いて誰もが思い浮かべるイメージとは、大きく変貌していることに気付くだろう。

こういった多種多様なスタイルが生まれてきたことで、モノクロのイメージだった古本屋が、よりカラフルで楽しい場所に変わりつつあるのだ。

飲食店にたとえると

飲食店にたとえてみれば、この変化がよくわかる。

従来の古本屋という業態は、長らく老舗の蕎麦屋と、町の大衆食堂しかなかった。前者のタイプは、店構えからして古風で厳《いか》めしく、先代からの「かえし」を継ぎ足し継ぎ足しして守ってきた。お客にけっして愛想を言わない蕎麦の名店とは、たとえば東京・神保町《じんぼうちょう》の古書店街にある専門店だ。あるいは後者のタイプ。スパゲティ・ナポリタンからサバの味噌煮、カツ丼となんでもあって、テーブルの下に古いマンガ週刊誌が置いてあるような大衆食堂。これは、主婦向けの料理本から古雑誌、マンガや文庫本、参考書、歴史、文学、あるいはゲームソフトまでなんでも扱う商店街にある古本屋だ。日本映画黄金期の俳優でいえば、前者は森繁久彌、後者は伴淳三郎《ばんじゅんざぶろう》のイメージ。

そこへ、幹線道路沿いにある大型ファミリーレストランみたいな「ブックオフ」を始めとする大型新古書店、住宅街で予約客だけを相手にするフレンチみたいな古本のセレクトショップ、雑貨とレストランを組み合わせたような古本カフェなどが新たに加わった。フランキー堺や淡路恵子といったところか。そんな感じなのだ。

従来は、狭い店と言うとき、主人は申しわけなさそうに言ったものだが、沖縄にできた**とくふく堂**など、「世界一狭い古本屋」を標榜し、それを「売り」にしている。じっさい、廊下の行き止まりを一部分店舗化したような狭さで、新しい客が入るとき、すでにいる客は一度外へ出て交替する必要があるというのである（その後、店主は店を手放し、跡地に**市場の古本屋　ウララ**が開店。「とくふく堂」より拡張したが、狭い店に変わりない）。

さらに狭い店**古書五合庵**が、二〇一〇年長崎に生まれた。東京で仕事をしていた男性が、定年後に故郷の自宅へ戻り、玄関横の軒先のような狭いスペースを改造し、本棚を置いている。もちろん、経営が成り立つ（専業で食べて行く）わけではないが、趣味にプラス実益を兼ねた試みとしておもしろい。

変化する「値付け」

古来、古本屋は商品の値付けが生命線だった。業者間で作った「相場」に加え、長年の経験と勘が加わり個性となる。一家相伝であり、機密事項のような部分もあった。だから、古本屋を開業するときは、老舗や専門店で修業して、それで初めて一人前とされた。

しかし、その業者間の秘密も崩れ始めた。なにより、ネットの普及により、古書の値段はワンクリックで一目瞭然となって晒されるし、新しく古本屋を開業する若者は、もとより「長年の経験や勘」が必要な値付けの本には手を出さない。自分が客として、さまざまな古本屋で見た価格とネット上の価格を研究して、売れる範囲の商品だけを並べて商売をするようだ。

独自の味を守ってきた料理が、レシピの公開で、プロの味に限りなく近づいたケースと似ている。

長年、のれんを守って商売をしてきた老舗の古書店にとっては、苦々《にがにが》しい事態かもしれないが、客にとっては、買い方の幅が増えたということであり、古本がそれだけ身近に、手を出しやすくなったとも言えるのだ。大型新古書店チェーンなどは、値付けを定価の半額か百円と恐ろしく単純化してしまった。今日入ったアルバイトが、午後から値付けをできるようなシステムを作った。もちろん、客もわかりやすい。いい悪いではなく、これも買い方の幅が広がった一例なのである。

古本屋はどこにある

さあ、それでは古本屋へ行ってみよう、というとき、何を頼りに探せばいいのか。いちばん手っ取り早いのは、ネット検索（後述）を別にすれば職業別電話帳。これで「古本」の項目を引けば、あなたの住む町にある古本屋の所在が一覧で出てくる。ただし、これでわかるのは、店名と電話番号と住所だけ。どんなジャンルの本を並べているのか、いかなるタイプの店なのか、また営業時間や定休日などはわからない。

日本古書通信社発行の『古本屋名簿　古通手帖２０１１』は、古書籍組合加入の店に限られるが、日本全国の古本屋を都道府県別に掲載し、得意ジャンルや営業時間、定休日などがわかり大変便利だ。ただし、発行から時がたち、経年によるデータの変動はある。

これも二〇〇五年刊と少しデータは古くなるが、一人で実地調査を重ねて書きあげたのが野村宏平『ミステリーファンのための古書店ガイド』（光文社文庫）。この本のすごいところは、電話帳や『古本屋名簿』の前身となる『全国古本屋地図』にも記載されていない、組合未加入のリサイクル店や大型新古書店なども、もれなく拾い上げていることだ。所在を示す地図つきで、「ミステリーファンのための」とあるが、ミステリーファンでなくてもこれは便利。じっさい、他府県へ旅行するとき、この一冊を携帯するという知り合いがたくさんいる。

二〇〇八年からは、小山力也という本業はデザイナーの人物が、日本全国の古本屋を行脚し、店を紹介するというブログ「古本屋ツアー・イン・ジャパン」を開始し、世の古本好きたちを驚嘆させた。のち、これに目をつけた出版社（原書房）が五年分ほどを『古本屋ツアー・イン・ジャパン』と題し書籍化。巻末に一六〇〇軒ほどの店のデータが掲載され、おそらくこの時点で、もっとも広範で詳しい古本屋データになっているはずだ。

この本は話題となり、続編が出版され、神保町に特化した『古本屋ツアー・イン・神保町』と続編の『首都圏沿線』『京阪神』が本の雑誌社から出る事態にまで発展したのである。最寄りの駅名に「古本屋ツアー」と併せて打ち込み検索すれば、過去の記事もネットで読めるから、私なども重宝して使わせてもらっている。

そのほか、札幌、仙台、大阪、京都、福岡など、それぞれのエリアで独自に「古本屋地図」を作っているケースもある。東京都内では、神保町、早稲田、中央線沿線など古本屋が集まるエリアは、詳細で個性的な古本屋地図を作っていて好評だ。これらは無料でもらえるものも多く、たいていレジ台の上に置いてあるが、なければ店主に尋ねてみるといい。

グーグルマップで古本散歩

パソコンや携帯端末を使える人は、こちらが便利。東京都古書籍商業協同組合が管理運営する「日本の古本屋」(http://www.kosho.or.jp/servlet/top) というサイトにある

「古本屋を探そう」から検索をかければ、組合加入店に限られるが、都道府県別、あるいは店名からも所在を確認できる。また、「グーグルマップ」「マピオン」に代表される、地図から検索するサイトでは、駅名や都市名に「古本屋」という条件をくっつけてクリックすると、古本屋のある場所が地図上に現れる。これは大変便利な機能で、私もよく利用している。自分の部屋にいながら、古本屋を巡りつつ、その町を散歩する気分が味わえるのだ。拡大、縮小も思いのまま。ストリートビューを使えば、店構えも画像で現れるし、地図の外に住所と電話番号のついた一覧も出てくる。

私は一時期、このサイトを知って夢中になり、日本全国の古本屋を片端からチェックして回ったことがある。それをメモしていたら、パソコンの画面に長時間集中しすぎたせいか、気持ち悪くなった。

ただし「グーグルマップ」などの地図検索サイトの難点は、「古本屋」と一緒に新刊書店もアップされる場合があることと（「本屋」という部分に反応する）、ユーザーのコメントに「古本屋」とあれば、違う業態でも拾ってしまうことだ。情報の整理が必要だ。たとえば、広島県内の古本屋を検索していたら、日本三景の一つ、安芸《あき》の宮島に「古本農園」が見つかった。このときは興奮した。農園の片隅に、古本を置いて商売していると思ったのだ。ベルギーの片田舎に「ルデュ」という古本村がある。そこでは廃れた農園に古本屋を誘致して成功しているのだ。はたして日本にも？　しかし、厳島《いつくしま》神社のある観光地とは逆の方向で、どう見ても、簡単に行けそうな場所ではない。少し考えて間違いだとわかった。つまり「ふるほん」ではなく「ふるもと」。古本という名前の方が農園を経営されているのだ。同様の勘違いはほかにもいくつかあった。

とにかく、ヒマな折り、こうして調べていくと、通勤圏内や会社のある町に古本屋を発見できるかもわからない。

店売りをしているかしていないか

大変便利と言いながら、「日本の古本屋」や「グーグル」などの検索サイトには難点もある。店名や住所が表示してあっても、その店が店売りをしているか、ネット販売専門かなどの見分けがつきにくいのだ（「無店舗」とちゃんと表示している店もある）。「日本の古本屋」で任意の店名をクリックすると、沿線名、最寄駅、営業時間、定休日の記載事項が未記入の場合が多く、この場合は店売りをしていない場合が多い。しかし問題は、記入してあっても、ネット販売の事務所としての情報であって、訪ねて行っても本が買えないことがあるのだ。本はネットで買う、という人にはそれで問題ないが、私のように、とにかく未知の古本屋さんを訪ねていって、本を買うのを無上の歓びとしている者には具合が悪い。

スカイツリー誕生以後、観光客でにぎわう東京・押上《おしあげ》のお膝元で、最寄り駅の名が「とうきょうスカイツリー駅」に変わってもなお、元の名を踏襲し営業する**業平《なりひら》駅前書店**がある。ここは「日本の古本屋」の店舗情報に、ちゃんと「店舗販売もしております」と店売りをしていることを明記。

「沿線名：東武伊勢崎線　スカイツリーライン
最寄駅：とうきょうスカイツリー駅正面口並び（東武橋方面）
営業時間：午後1時―9時頃（月曜・開店時間3時間程度遅れます）
定休日：不定休」

と、こと細かに情報提供をしている。しかし、こういう店は珍しい。

これは「グーグル」「マピオン」も同様。店売りをしているかどうかは、なかなか判断がつかないのだ。電話すればいいじゃないか、と言われればその通り。しかし、便利か不便かと言われれば、やっぱりこれは少し不便だ。

そこで私が使っている裏技をお教えする。……と言っても、日頃からネットを駆使している方には、そんなの当然ですよ、という話だが。

まず行きたい店の住所を調べる。これをコピペして「グーグル」検索にかける。すると、検索結果画面に地図が現れるはずだ。これをクリックすると、目当ての店が矢印で表示された大画面のグーグルマップが出てくる。「ストリートビュー」という、世界中の道路沿いの風景をパノラマ写真で提供するインターネットサービスがあり(同じ画面からアクセスできる)、住所から、ピンポイントで実際の店の外観を確かめることができるのだ。

やってみるとわかるが、住所から「ストリートビュー」で当該店を画像で見てみると、住宅街のなかの普通の民家、あるいはマンションやアパートだった、というケースがけっこうある。つまり、その場合は、自宅あるいは事務所をネット販売の根城として使っていると判断していいだろう。

ストリートビューを使うまでもなく、表示された場所が、駅から遠く離れた住宅街なら、店売りを期待しない方がいい。

たとえば、神奈川県横須賀の「横須賀中央駅」周辺で「古本屋」の検索をすると、駅前のブックオフ以外に、**民衆書房**があることがわかる。「民衆書房」という店名から、ネット販売を想像することは難しく、いかにも店売りをしてそうだが、調べるとこれがネット専門店なのだ。

また、東武スカイツリーライン沿線「蒲生駅」を最寄りとする**プラハ書房**は、先の「日本の古本屋」「グーグルマップ」などの検索では引っかかってこないが、店売りをし、豊富な品揃えを誇る優良店だったりする。これも小山力也氏の指摘で知ったが、古本屋と名乗らず古本を売るケースもある。栃木市の**長谷川枕山堂**は、本業は「はんこ屋」ながら、店内に販売用の古本を置いているという。これなど、容易に検索では引っかかってこない。

なにごとも完璧には行かない。むしろ、さまざまな手を使って発見したり、苦労して近づくことが面白いと思った方がいいだろう。古本および古本屋は、わかりにくい部分を残す。そのことを面白がられる人でないと、もともと古本には向いていないとも言えるのだ。

いい古本屋の見分け方

「いい古本屋」という表現には、ちょっと問題があるかもしれない。なにが「いい」かという基準は個人の趣味や判断に左右されるからだ。わかりやすいのは、良書が多く揃っていて、値段も安いという店だろうが、その「良書」についても、民俗学の研究者と古いマンガの蒐集家《しゅうしゅうか》とでは、まるっきり判断が違ってくる。

ここは、ごく一般的な、日ごろあんまり古本屋になじみのない、不特定多数の客を対象に考えてみたい。

かつて、「汚いラーメン屋ほどうまい」などという俗説がはびこったことがあるが、いまやこれは通用しないだろう。ラーメン作りに熱心なために店の掃除まで行き届かない。あるいは、店が汚く見えるほど長く続いた店だから、味は保証済み、と言いたいのか。しかし、根拠としては弱く、いま行列のできる店は、たいてい外も内もきれいにしている。食べ物を扱うのに、衛生面などに神経を使っていない店はもはや論外だ。

古本屋だって同じこと。

表の均一台は傾き、本は日焼けして、入口の戸は開けにくい（〝均一〟とは、店の外に出された廉価なサービス商品のこと)。店内に入ると、薄暗く、カビ臭い匂いが漂い、通路には床から腰の高さまで乱雑に本が積みあげてあって、いまにも崩れそう。本棚には、いつからそこに置かれているのか、どの本にもうっすら黒い埃がかぶっている。

二、三十年も前なら、「ひょっとして、こういう店にこそ掘り出しものが……」と意気込んだ人もいるかもしれないが、平成も二十年以上を過ぎたいまでは、これは通用しない。手が入っていないということは、値段も品揃えもそのままである可能性が高いからだ。

「本棚が呼吸する店」と私はよく言う。つまり、しょっちゅう客が出入りし、数日たつと、本棚の本が少し入れ替わっている店こそ、「いい店」なのである。つねに客を惹き付けるだけの魅力ある本を揃えている。しかもそれが、非常に買いやすい適正価格である。当然ながらそういう店では本がよく売れる。

よく売れる店は、業者市での仕入れも客からの買い入れも熱心だ。本棚が生鮮食料品売り場のように、新鮮な良品でいつも満たされている。つまり「本棚が呼吸している」のだ。よく主人の手が入った棚は、書名や本の並びなどいちいち確認しなくても、ひと目見ただけでわかる。新鮮な空気が伝わってくるのだ。

いま、東京・中央線沿線にある人気店をいくつか思い浮かべながら書いているのだが、こういう店は、いつも店内に客の姿がある。しかも常連の客が多い。通路に積んだ本が客の邪魔をしたり、本棚に空きが多くてガタガタになっている、なんてことがない。店先から店内まで掃除が行き届いて、クラシックやジャズのBGMを流すゆとりもある。いつまでも店にいたくなるのだ。

けっきょく、見た目に好ましい店こそ、客が集まる店なのである。外観を見て、何かを感じたら、ドアを押して入ってみることだ。

店主とのつきあい、客としてのマナー

なじみの店ができると、客として店主に顔を覚えられるようになる。買取をしてもらった以後は、名前も知られる。気さくな店主なら、「いらっしゃいませ」と声をかけて、天候のことなど、短く会話をすることもあるだろう。

このとき、やはりていねいな対応を心掛けたい。俺は客なんだから、と威張るのはよくない。「いやあ、いつ来ても、ここはいい本があるなあ」とか、さりげなく店をほめるのはいい手だ。古本屋の店主というものは、趣味も人生も理想もすべて店につ

ぎ込んでいる場合が多い。店イコール自分なのだ。金儲けだけを考えるなら、ほかに経済効率のいい職種はいくらでもある。あなたが訪れる店の主は、あえて古本屋を選んだ、と想像できる。

だから、店をほめられるとやっぱりうれしい。イヤな気がするわけがない。これで、距離はぐっと縮まるだろう。ただ、あまり親しくなって、長々と大声で自分のことをいつまでも喋るというのは、これはこれで困る。ほかのお客さんの迷惑にもなる。

古本好きで、とくにあるジャンルを集中して集めているマニアは、ほかに古本の話を聞いてくれる人がいないので、ついつい絶好の理解者を前に、すごい本をどこどこで買ったなど、自慢話をしたがる。かつて、マニアとの接客に疲れて（数時間に及び、毎日のように来る）、店を閉めて田舎へ引っ込んでしまった東京の古本屋もあるぐらいだ。

こちらから必要最小限のことを主人に話しかける。店主のほうで聞きたいことがあれば、向こうから質問してくるだろう。「私などよりお客さんのほうがよっぽど物知りです」と言う店主もたくさんいる。なにごともケース・バイ・ケース、程度の問題だろう。

しかし、あまり親しくなりすぎると、何も買わずに店を出ていくのが難しくなる。もちろん「今日は、ちょっと欲しいものがないので、また」と言えば済むことではある。しかし、挨拶や雑談を交わしたあとでは、なかなかそうも言い出しにくい。そういう場合には、三百円以下の文庫一冊でも、とにかく買うことだ。神社へお参りしたって、お賽銭《さいせん》というものが要る。あれは入れたらそれっきり（もちろんご利益はあるかもしれない）だが、古本屋では買えば本が手許に残る。

ブックオフをはじめ、大型新古書店があれだけ流行るのも、一つには「買わないで出てきてもまったくだいじょうぶ」という安心感を担保にしているせいではないか。事実、マンガの立ち読み専門で、買ったことがないという「客」もたくさんいると思う。従来の古本屋でも、買わずに出てくる客はいる。私だってそうすることも多い。しかし、個人の古本屋と、スーパーマーケットみたいな新古書店とでは心理的負担がまったく違う。

店主と仲良くなったほうがいい

いろいろ難しいことを言うようだが、泳げない人にいますぐプールへ飛び込め、というほどには難しくない。ただ、新刊書店と古本屋は、同じ本を扱っても違う業種なので、行き慣れない人には、細々《こまごま》とアドバイスしたくなる。

店主とのつきあいで、もう少し言葉を費やしておくと、仲良くなったほうが絶対得する場合がある。それは、特定の作家やジャンル（大正の私小説作家、戦記もの、幻想文学、鉱山の本などなど）を探している人（研究者を含む）たちである。彼らにとって、古本屋を味方につけておくことが、探書における絶対条件となる。

自分がどういうものを探しているかを、行きつけの店にはっきり告げておく。すると、店主は業者市場へ行ったとき、当然ながらそのことが頭にある。うまく、客が求めているものがあれば、それを買ってくるわけだ。店の棚に並ぶ本だけが、その店のキャパシティではない。「こういうものが入りましたが」と、そっと教えられることもある。

限定した蒐集分野を持つ客は、複数の古書店主と親しくないと、とてもまともなコレクションなどできない。なにしろ相手は本を探すプロなのだ。よく利く鼻と経験を駆使して、人目に触れない逸品を探し出してくる。だから、店主と太い紐帯《ちゅうたい》を結ぶため、店へ行けば何かしら必ず買い物をする、というコレクターを知っている。

値段は店主のアイデンティティ

それから客としてけっしてしてはいけないのは、「この本、いくらか負けて（安くして）もらえませんか」とダンピングを強要することだ。これはいけません。古書通の画家・林哲夫の著書に『古本屋を怒らせる方法』（白水社）というタイトルの本があるが、「値段を下げろ」は、もっとも有効な「古本屋を怒らせる方法」だ。

画家は絵具をキャンバスに塗り、音楽家は五線紙に音符を並べ、作家は原稿用紙の升目に字を埋める（パソコンのキーを叩く）ことで自己を表現する。先に挙げた、ネットで相場を調べて、それだけを頼りに値付けする店は別として、古本屋の自己表現とは、買った本を並べることと、値段をつけることだ。まったく同じ本が、A店とB店とで値段が違うことがある。ネットで古本の相場はあまねく知られるようになったが、パソコンを触らない店主もいるし、すべてが、機械的に値付けがされるわけでもない。新刊書店では考えられぬことだが、古本屋は独自の売り値にこだわるからこそ古本屋だと言える。

あたりまえの話なのだ。まずは仕入れ値が違う。その本の価値に対する、各店々主の考え方が違う。本の状態だって違う。初版だの帯つきだの条件も違う。さまざまな条件を乗せて、店主は値段をつける。そこがいわば客との勝負だ。

客は高いと思えば買わない。それだけの話だ。値段を通して、店主と客は無言の対話をする。それこそ「古本屋」のおもしろさ、なのだ。「値段を下げろ」と言ってしまうことは、店主のアイデンティティの否定であり、客が持つべき流儀として敗北である。それぐらい、値付けとは厳しいものだ。

私は、「一箱古本市」と称される、路上で古本を売るイベントにしばしば参加して、自分で一日店主となって客と対することがある。そのとき、いちばん腹が立つのが「（値段が）高い」と言われることと、「もう少し安ければ」と言われることだ。そのとき、言った相手をほとんど憎悪する。私は私なりに、自分が売る本の相場や市場価格をよく知っているつもり。一日勝負のフリマ形式の場で、買いやすい値段（「自分はこの値段なら買う」が基準）を自信をもってつけている。

「高い」と思うことは客の権利で、誰も止められない。私もよく思う。ただし、口に出すと、それはルール違反なのだ。「高い」と思えば買わない。それだけの話だ。

いい客になって店へ通い、店主と親しくなれば、場合によっては何も言わずに、向こうから少し値段を引いてくれることもある。たとえば、古い値段がそのままついていて、相場がいまは変わって安くなった場合、あるいはたくさん買った場合に、「これは少しお引きしておきましょう」と言われたりする。

遠方からわざわざその店を目ざして来てくれた客に、「それじゃあ、気持ちだけ、少し引かせていただきます」となる場合も何度か目撃した。要するに「気持ち」なのだ。お互いのために、気持ちのいい客になりたいものだ。

いい客になるには

古本屋にとって「いい客」とはなんだろう。もちろん、定期的にたくさん本を買ってくれる客はありがたいに違いない。新聞や雑誌につねに目を通して新しい情報を仕入れ、古本屋に役立つことを、それとなく教えてくれる客もいい。

東京・浅草の「**白鳳書院**《はくほう》」鈴木吉繁《よししげ》さんが、「いい客」について書いている。

「店に入ってきた客が棚をながめ、本を手に取ってその本に対《むか》う一瞬の姿の美しい人がいる。静謐《せいひつ》でありながら存在感があって、長年本に接してきた人独特の匂いのような、何かを引き摺《ず》っている感じ。こういう人はよいお客である」（高橋輝次編『古本屋

の来客簿』燃焼社)

　神保町・**田村書店**の店主によれば、店に入ってきただけで、その客がいい客かどうかわかる、という。本棚への視線のやり方、本を棚から抜き出す手つき。函《はこ》入りの本なら、本体と函の隙間に無理やり指を突っ込んで出そうとする人はまず失格。本体の背のほうを下に向け、少しシャッフルしてやると、自然に中身は出てくる。

「いい客」は、身なりの善し悪しとは関係ない。地面や電車の床に置くそのカバンを、本の上にどさっと乗せて平気でいるのは、スーツ姿の立派な紳士に多い。客であることを権利のように威張る人、これも嫌われる。「いい客」でありたい。

　いい古本屋になるためには、一定期間の修業と努力が必要であるように、いい客になるにも相応の修業と努力が必要、ということになる。

コラム

達人に学べ！❶

どの道にも先達《せんだつ》というものがいる。後進者は、よちよち歩きから、彼らに手を引っ張ってもらって、おずおずと歩き始める。私は古本も好きだが、古本について書かれた文章や本も大好きで、目にするたびに買ってきた。そして、優れた先輩や同輩たちから、多くのことを楽しみながら学んできた。それぞれの代表作を通して、達人の極意を紹介しよう。

植草甚一

口開けはとりあえず買え

「古本神社」なるものを仮に建てることになったとき、ご本尊として誰を奉るかと考えたら、神保町の人たちは「そりゃ、反町《そりまち》茂雄さん」と言うかもしれないが、ぼくたちにとっては「植草さん」に決まっている。

ミステリ、映画、ジャズ、ガラクタ、そして古本と、好きなことだけをして膨大な雑文を残していったのが植草甚一《うえくさじんいち》。古本についてもたくさん文章を書いているが、私にとっては最初に触れた晶文社のバラエティ・ブック『ワンダー植草・甚一ランド』に尽きる。おやおや、今ひさしぶりに開いたら、後ろの見返しに買った日付と印鑑が捺してある。昭和五十二年七月五日（火）に買った。場所はすぐわかる。大阪・千林から延びる今市商店街内にかつてあった**山口書店**だ。

植草さんの魅力をすべて盛り込んだこの本に、「わが道はすべて古本屋に通ず」という文章が入っている。昭和二十五年一月十五日・二月十五日「日本古書通信」に掲載。ここだけ、何度も読み返しているから、私にとっては般若心経のようなもの。読むと必ず、すぐさま古本屋へ行きたくなってくるのだ。

「ぼくは、つぎのような場合に、古本屋を歩きたくなる癖がある。
一　寝不足の日の正午前後。
二　ひとりぼっちで酒を飲みだしたとき。五時半から六時にかけて。
三　三、四日つづいた雨あがりの日。
四　本を買った夢を思い出した瞬間。
五　そして古本を調子よく買っているとき、ますます歩きたくなる。十時ごろまで。」

こう、巻頭にある。わかるなあ、とすでに古本屋行きのエンジンがかかるのだ。そのあと、神保町界隈の古本屋巡りの様子が、店名も挙げてつづられている。植草さんは洋書と洋雑誌専門だから、まったく宗旨は違うが、昼も夜も古本のことばかり考え続ける「古本者《ふるほんもの》」の魂は同じ。そこに通じる心得がある。

当時、神保町へのアクセスは都電。小川町電停から丸善支店までに古本屋が三軒あった。まん中の「武内（書店）」には、外国雑誌、売れない英語の本がある。以下、古本屋巡りに関する大事なことが書かれている。

「ぼくは、あまり欲しくないが、その売残りの本をできるだけ一冊は買うことにしている。なぜなら、本というものは不思議で、売れない本を買ってやると、本自身はよほど有難いとみえ、あたかも犬のように、道先案内をしてくれるのである。最初はいった店で、買うのを止めてしまった日は、いくら捜し回っても掘出物がないことが多い」

これは本当にそうだなあ、と思うことだが、私に引きつけて裏読みをすると、つまり自分の側の購買意欲の問題もある。最初の一冊をケチって、あるいは逡巡したあげくあきらめると、なんとなくその後も気勢をそがれたまま、買えない日になってしまうのだ。まったく欲しくない本を買う必要はないが、どうしようかなと思ったら、自分に気合いを入れて、とりあえず買う。これが大事だ。

この本の巻末には「植草さんのこと」として、知人友人が植草さんについて書いた文章が収録されている。イラストレーターの和田誠は、「植草さんと古本屋を歩く」という文章で、一緒にくっついて古本屋巡りをした体験を披露。神保町の今はない「泰文堂」では、「『去年の暮にたくさん買ったから、今日は買いっぷりのいいところを見せられないなあ』なんて言いながらも雑誌単行本合せて四十冊ほど買う。計三千六百円也」。この文章は昭和四十六年四月号『オール讀物』からの転載。昭和四十六年の公務員初任給が四万一千四百円。いまなら一万五千円分ぐらい買っている。

その買い方も「棚からめぼしいものをぽんぽん抜き出して本屋の親父さんの前に置いてゆく。躊躇《ちゅうちょ》しない。即決である」という。よく植草伝説で、古本屋の本に書いてある値段を消しゴムで消して書き換えるというのがあり、事実そうだったらしいが、これだけ「買いっぷりのいいところ」を見せられたら、古本屋だって多少のことには目をつぶるだろう。

そのほか「六本木界隈と新宿界隈」という文章では、古本屋で買った洋雑誌は、買ったあとで「広告ページや読みたくない部分を破って棄ててしまう」と書いている。「そうすると持って帰るのに軽くなっていい」と。これは、私もときどきマネをします。

植草さんの古本についての文章を手軽に読むなら、ランティエ叢書《そうしょ》『古本とジャズ』（角川春樹事務所）という選集が便利だったが、現在品切れ中。その後、ちくま文庫が、『ぼくは散歩と雑学がすき』『いつも夢中になったり飽きてしまったり』『こんなコラムばかり新聞や雑誌に書いていた』『雨降りだからミステリーでも勉強しよう』と、続々文庫化。手軽に読めるようになった。

第2章 本じゃなくても古本だ

——重文級からハルキまで

イラスト／著者

そもそも「古本」とは何か？

古本についての本を出したり、古本についての文章をあちこちに書いていると、ときどき、そんな基本的な質問を受けることがある。つい最近も若い女性編集者からの電話による取材依頼で、「ふるほん、こほん？　ですか」なんて言われた。これには驚きました。「古本」という言葉の読み方さえ、ちょっと自信がないらしい。最初は、コメント程度というから、電話で済ませようと思ったが、これじゃあ会っていちから話すしかない、と観念した。異教徒に布教する牧師の気分である。やれやれ。

「古本」は、いちおう「ふるほん」でしょうね。私たち古本者にとっての神様の一人、植草甚一（コラム①）は「ふるぼん」と発音していた。植草さんが「ふるぼん」と言えば、それはそれでかっこいい。

もう一つ、「古書」という言い方もある。この本でも二つの表記が混在していると思います。ちゃんとした両者の区別はないけれど、古本と言えば、広くリサイクルブックを指し、古書と言うときは、そこに重みが加わる。つまり、神保町の専門店が扱うような学術的専門書や、稀少で高価な本（たいてい元の定価より高い値がついている）を指すことが多いようだ。

この本では、そのへんをあんまりちゃんと区別せず、「古本」という総称をなるべく使うようにする。自分が使い慣れているからだ。「こしょ」と言うと、ちょっとかしこまって、自分がふだん買う本と違う気がする。基本は、新刊書店で誰かが本を買ったら、その本は、そこからもう「古本」だ（英語の「セカンドハンド」）。

さて、その「古書」を含む「古本」だが、扱う範囲は非常に広い。

月刊「日本古書通信」編集者で、神保町歴三十年の樽見博（コラム⑥）が、著書『古本通』（平凡社新書）に、業者の市場で扱う商品について、その品目を挙げている。

「書籍、雑誌、コミックばかりでなく、芸術家や政治家など著名人の手紙や色紙、原稿類、歌麿や広重などの浮世絵を含む現代までの版画、中世以来の内外の地図、豊臣秀吉や徳川家康の印や花押のある文書をはじめ様々な時代の古文書、映画や演劇のポスターやパンフレット、そのほか絵葉書、ブロマイド、明治大正期の引き札、こけしやメンコ、双六、ブリキのおもちゃ、プラモデル、ミニチュアカーなどの玩具類、アニメに使用されたセル画など、書物とかけ離れた、いわゆるコレクターアイテムと呼ばれる商品が数多く取引されるようになった」

このほか、ビデオテープ、DVD、レコード、CD、ゲームソフトなども取り扱われるし、古いウチワが大量に市場に出回ったときは、その後、郊外の古本屋の店先に、ウチワが売られていたこともある。美容師がカットの訓練で使う、毛髪つきのマネキンを見た時は、ギョッとした。古本のことにあまりくわしくない人が想像するキャパシティでは、とても収まり切れぬほど、多種多様なブツが、「古本」の名のもとに取引されていることがわかるだろう。

ただし、『古本通』でも書かれているように、「扱う商品はあくまでも『古い本』が主流」だ。「古い本」以外は見向きもしないような店が、たとえば神保町の靖国通り沿いにある老舗にはいまだたくさんある。総体として「古本」の市場が、生きものや食べもの、危険物および法に触れるもの以外はなんでも受け入れる幅がある、ということをここでは確認しておきたいのである。

重文級の発掘も

古本の世界が扱う領域を「平安期から今日刊行された本まで」と書くと、なにを大げさなと思うかもしれないが、じっさい、そうなのである。古典籍から村上春樹までが対象となるのだ。

大正四（一九一五）年生まれで、かくしゃくと神保町をパトロールする姿からミスター神保町と呼ばれた八木福次郎の著書『古本蘊蓄《うんちく》』（平凡社）に、こんな話が紹介されている。

平成十一（一九九九）年、神保町の老舗古書店**玉英堂書店**の目録に、瞠目《どうもく》すべき書目が出た。藤原定家自筆の「興風集《こうふうしゅう》・土御門院《つちみかどいん》御百首」で、価格はなんと七千五百万円。定家といえば、鎌倉時代の歌人で「小倉百人一首」の選者として知られ、御子左《みこひだり》家《け》の歌学の大成者。また名筆としても知られる、和歌史の巨人である。その定家直筆による、墨付六枚の「興風集」（藤原興風の歌集を定家が筆写）、十枚の「土御門院御百首」（同じく土御門院の歌を筆写し、行間に定家が感想を書き込む）二冊を合わせたものであった。

この発見に新聞各紙が飛びついたのも当然で、いずれも昭和十四年に京都博物館、十五年に大阪市立美術館の展覧会に出品されて以後、行方不明になっていた。それが、六十年後に、神保町の古書店目録に現れたのだ。「研究家の間では重要文化財級の資料」と書かれているが、古書店がそんな歴史的な資料を世に出すこともあるのだ。

同書によれば、昭和五十九年から平成四年までに、手許にある古書目録から拾い出した一億円前後の高額本が五点。嘉禎《かてい》二（一二三六）年の藤原為家自筆「土佐日記」七千五百万円に始まり、平安朝中期の古写「古今和歌集」全二十巻が一億五千万円などである。ちょっと古いが「田園調布に家が建つ！」（セント・ルイス）。

また、平成八年末には、芭蕉自筆本の「奥の細道」が出現し、これもマスコミで大きく取り上げられた。「値段のつけようがない」と八木は呆れるように書いている。

しかし、これらの話はあまりにすごすぎて、あまりに遠い世界。日ごろ、佐野繁次《しげじ》郎《ろう》デザインによる集英社文庫『風に吹かれて』（五木寛之）を百円で見つけて、ホクホク喜んでいるような私にとっては、ただ口を開けて見ているだけだ。同じ古本世界にあっても、北極点と近くのコンビニまでの近道ぐらいに、大きな懸隔がある。そこがおもしろい。いや、そこがおもしろい、と言える人が、本当に古本を楽しめる人だと私は思っている。

個人の日記も売り物に

重文級の話をしたあと、話の敷居は思いっきり低くなるのだが、たとえば、私は個人が所有していた日記やアルバムを、即売展（第7章でくわしく触れる）などでよく買う。さまざまな場所で、古本についてレクチャーするとき、いちばん反響があるのが、この個人の私的所有物の話だ。

いま手許にあるのは、昭和四年刊の育児日記。それを昭和八年二月十一日に出産した「雄一」くんの母親が、日々、成長を書き留めている。もちろん肉筆だ。万年筆で、三月一日から日付だけは書き込んでいるが、記述が始まるのはやっと三月四日。「お腹いくらか良。授乳大体において三時迄《まで》（以下、不明）」とある。おそらく、それまではつきっきりで手がかかり、日記を書く余裕がなかったのじゃないか。

父親が二十九歳、母親が二十七歳で祖父母と同居らしい。住所は東京の池上《いけがみ》。そんなことが、巻末の「家系譜」への書き込みでわかる。雄一くんは、いま生きていれば八十三歳。おそらく初産ではないか。やっと授かった一粒種への、日々の優しい眼差しが、日記に表れる。

「十一月十七日　今日雄一つかまり立ちするのに余程足が強くなつた。未だ風（邪）気、咳が出る」

「十一月二十一日　引き出しを独りで開ける事を発見して茶箪笥の引き出しを開けて

中のものを放り出して遊んで居る」

「十一月二十七日　昨日来の腹下し、多分浅田飴をなめさせた為ではないかと思はれるので飴を止める。昨日は大便五回、今日は只今午後七時迄に未だ一度、直きよくなるだらうと思ふ」

体調はなかなか戻らず、通院したり、なかなか手がかかる。

「十二月十三日　『左様《さよう》なら』『ハイチャイ』と云つて頭を下げると雄一もコクリと一つおじぎをして相手の顔を見る。今日始めて覚えた事らしい」なんて記述を見ると、ひとごとながらホッとするのだ。

昭和三十七年「社会日記」は旺文社刊。東京在住のT氏が書いた、とわかるのは、この日記に、たくさんの私信が挟まれているから。昭和三十年代の、知人からT氏に送られた結婚の挨拶状がある。法政大学能楽研究所内「中世文学会」からの研究発表会の通知がある。中央区日本橋兜町の某氏の名刺がある。取引銀行からT氏へ、貸付信託収益金七千三百七十円の知らせがある。A短期大学からの通知によれば、どうやらT氏は学校の先生だったようだ。日本軟式庭球連盟のお偉いさんだったらしいことも名刺でわかる。テニスコートで撮った写真一枚。中央に立ち、背広姿で胸に花をつけた顎《あご》ヒゲの老人がＴ氏だろうか。

いや、「社会日記」に洩れなく、毎日記述があるから、それを読み解けば、もっと手っ取り早く判明するのだろうが、なにしろ達筆すぎて読むのに苦労する。まるで刑事みたいに、挟み込まれた通信の断片から、本人を想像するほうがこの際おもしろいのだ。また、この日記には、ところどころ娘が描いた絵（ノートなどに描いた落書きに着色）が挟み込まれている。昭和三十七年に二年生だったＮちゃんは、きれいな舞妓《まいこ》さんの後ろ姿（写真などから写したのか）を二点、上手に描き、その横に妹だろうか、「あきこ」ちゃんがもっと幼い絵で、姉の舞妓さんを模写している。父親のＴ氏は、それを目を細めて眺め、自分の日記に挟んだのだろう。

古本屋という波止場

そのほか、個人のアルバムも相当数持っている。遺族がまだいらっしゃる可能性があるから、くわしくは書けないが、歳の差がある妻の写真で埋め尽くしたアルバムがある。それも、毎年一冊、すべてデザインも材質も違う造本の立派なアルバムを新調している。かなり裕福だったらしく、冬はスキー、夏は登山、あるいは温泉と日本国中をひんぱんに旅し、若妻のファッションはいつも豪華。銀座のいまでも存在する高級レストランでお食事、なんて写真もある。よほど自慢の妻で、愛しに愛しきったことが、写真からわかるのだ。こんなアルバム、とてもうちの妻には見せられません。扱いの差が歴然としているもの。しかもカメラの腕はプロ並みで、カメラ自体もたぶんライカとかいいもので撮った形跡があるのだ。

昭和三十九年の「暮らしの家計簿」というのもある。『主婦と生活』新年号付録で、いまでもそうだろうが、婦人雑誌の新年号には必ずこの「家計簿」がついていた。そのために新年号は、ほかの通常号とは発行部数がまるで違ったのだ。これもプライバシーに抵触するので詳述は避けるが、昭和三十九年の主婦は、毎日、克明に出費を記録している。

十一月二十日(金)は「副食費」の欄に、「ブタ115　白タキトーフ50　ヤサイ153」とある。おそらくこの日の夜は「鍋」だったのだろう。ところで、欄外のメモ欄に「ぼく」という呼称が頻出する。最初は息子のことだろうと思って読んでいくと、「ぼく　病院で帰りハヤイ」とか「ぼく会社休ミ」なんて出てくる。どうやら、この奥さん、自分の亭主を「ぼく」と家計簿のなかで呼んでいたらしい。いや、じっさいに日常生活でも「ぼく」と呼んでいたかもしれない。

なおも読み進めていくと、「辞表提出」なんて劇的なことが書かれている。いったい、それが「ぼく」なのか「わたし」なのか、心配になってくる。もっとあとに「ボク　今日から巴ビルへ」なんてあるから、会社を辞めたのは「ぼく」で、この日から新しい職場へ移ったことがわかるのだ。わかったって、なんの得にもならないけど。しかし克明な家計の記録は、昭和三十九年における、庶民の生きた物価の資料となるだろう。

そのほか、育児手帖や、戦前の夏休みの宿題帖など、紙でできたものなら、なんでも売られているのが古本屋だ。紙の保存性、耐久力はすばらしく、燃えたり、水に濡れたりしないかぎり、五十年、百年と平気で後世へ伝えられる。それら、名もなき庶民の生活の断片が、ちゃんと値段がついて売られるというのはすばらしい。どんなものでも、時間という波間を漂って、古本屋という波止場にたどりつく。

古本屋は、新刊書店の二番煎じではない。紙でできた過去の資料に新たな価値づけをする仕事なのだ。

なぜ個人の日記が売られているのか

これらの私的肉筆ものが、なぜ古本屋の市場に出回るのか、あるいは読者は不思議に思うだろう。自分の日記を、いまから古本屋へ持っていって、「これ、買ってください」と言ってもそれは無理だ。こういうことなのだ。ある日、古本屋へ買取の電話がかかる。遺族が、父親や祖父（母親や祖母）の遺した大量の本を処分したいという。そこで、古本屋が約束の日に、車に乗って出かける。家具や家財道具を除いて、全部持っていってくださいと言う。わかりました、と古本屋が本を縛り始める。この際、一冊、一冊、「うーん、この本は昭和○年の本で、初版だからいくら」なんて値踏みはしない。とにかく、とりあえず、さっさと本を二十冊単位ぐらいでヒモで縛って（あるいは段ボールへ詰めて）外へ持ち出す。本の代金はその場で払うこともあるし、市場で出してから、売り上げの数割を手数料として古本屋が受け取って、残りを払う場合もある。

その際、買ったなかに、本と同じ形態をしたアルバム、日記、家計簿の類が混じっていることがあるのだ。その場で気付けば、「これは、大事なものでしょうから、お持ちになっていたほうが」なんて言えるが、倉庫などにいったん収めて、あとで気付いても後の祭りということも……。そんな場合、こういうものでも誰か物好きな客が買うだろうと（私だ）、安い値段で放出するというわけだ。

あるいは、古い家が取り壊される時、中古家具店や骨董店が事前にその家に入り、値踏みをして引き取るということがある。古本屋が加わる場合もあり、本や紙類を担当するわけだが、個人のアルバム、日記帳が紛れ込んでいるというケースも考えられるのだ。

じつは、ある場所で石材会社の社長が欧米を視察歴訪した戦前のアルバムを買ったことがある。キャプションが印刷された文字だったので、おそらく、同じものを数十部から百部ぐらい作って、知人や関係者に帰国後配ったのだと思われる。

このアルバムを作った人物の名前がわかっていたので、あるとき、私はブログで紹介してみた。すると、数日後、知らない男性からコメント欄に書き込みがあったのだが、なんと、自分はその「石材王」の孫だというのだ。彼は祖父が外遊したことは知っていたが、アルバムの存在を知らなかった。しかも、私の利用する中央線沿線に住んでいるという。さっそく連絡を取り合って、買った値段で彼にそのアルバムを無事手渡した。

古本をやたらに買っていると、ときとしてそんなドラマも生まれる。

本はなんでも挟み込む

また、新刊と違って、古本を買うと、なかに前の持ち主が挟んだものが、たまにそのまま残っている。多いのは書店のレシート、飛行機搭乗券の半券、名刺、ハガキなどだろうか。変色した葉っぱやチューインガムの包み紙なんてのもある。人は本のページにじつにさまざまなものを挟む動物であることが、古本とつきあっているとわかるのだ。

私は、よくあるものは別として、ちょっと珍しいものは、それだけ取り出してファイルに挟んで溜めこんでいる。馬の絵のついた古いトイレットペーパーの包み紙など、どこで、どういうシチュエーションで本に挟まれたか。やっぱり、雪隠《せっちん》で生の営みをしているときだろうか。

お婆さんの血圧表というのもあった。上がったり下がったりのグラフを見ると、身が案じられる。若い男性が、彼女に送った二枚続きのハガキもあった。「○○ちゃんだよ〜ん！」と、絶対、恋人の目以外に触れないということが前提の、若さの暴走で、これもどこの誰か知らないが赤面ものだ。

某有名作家、有名評論家のハガキや手紙がそのまま挟まっていたこともあった。作家の書簡などは、内容や知名度にもよるが、それ自体が古書価がつけられて売買されている。こうなると、本体そのものよりも高く売れたりする。

そのほか、映画館やコンサートのチケットが挟まっていたら、とくに私が青春期を送った七〇年代のものなど、挟んであった本体の古本より、挟まっているものが欲しくて買うことがある。

『書肆紅屋《しょしべにや》の本』（論創社）の著書を持つ、空想書店・書肆紅屋さんは、「超」のつくブックオフ耽溺者。かつて最寄りのブックオフで、一万円札が挟まった本を百円で釣り上げたことがあると話していた。

しかし、私の場合、いまだお札が挟まっていたのは、出合ったことがない。

ともあれ、古本の楽しみが、単に買ったり読んだりするところから、ときに逸脱して、さまざまなバリエーションを持っていることがわかるだろう。それがわかる、感じられるところから、古本の道はより深く、険しくなっていく。

コラム 達人に学べ！❷

紀田順一郎

目録はもういっぺん読みかえせ

古本のことを文章に書くのは、学者か一部の好事家《こうずか》だけの狭い世界だったところに、書誌と出版文化、それに幻想文学やミステリの知識をふんだんに使って、いきなり視野を広げたのが紀田順一郎。私は畏れ多くて、お目にかかるとき「紀田先生」と「先生」付けする（しかし、以下敬称略）。

『紀田順一郎著作集』（三一書房）を持つ、書物論に関する第一人者だが、それでも収録された文章はほんの一部。『私の神保町』（晶文社）は、長いつきあいのある「神保町」に関する文章と、古書について書いた文章を収録して、「神保町」入門と言っていい一冊。これを読めば、一晩で「神保町」通になれる。

著者の見るところ、古書店の魅力の第一は「過去の時間に遡行できること」。まったく同感。また「古い書物、なつかしい書物の山のなかに、私たちは置きわすれてきた時間やなしとげることのできなかった可能性を想い起こす。所蔵者だった未知の人の情念も偲ばれて、そこに無限の時が流れる……」とも言う。熱い鍋に触ったときのように、熱がそのまま伝わってくる文章で、若き日より古書店通いをし、古本を指紋が擦り減るほど触ってきた人の実感が込もっている。

著者と古書のつきあいの年季を感じるのは、「古書目録の読み方」について書かれた章。

「見るのにすこしばかり要領がいる」と、自らの経験を明かす。

だいたい、古書道の行き着く最終形態は「目録買い」と言われている。その「目録買い」に要領がいる、と著者は言う。

「まず鉛筆なりペンを用意する。これはぜったい必要だ。何千冊という本の書名を短時間に見るには、ちょっとでもひっかかるところには印をつけておいて、グングン先へ進んでいくのがよい」

古書目録で、注文した本に複数の客がある場合、お店側が誰に当選させるか、という問題において、先着順、抽選と二つの方法がある。先着順なら、目録が届いて（あるいは入手して）、なるべく早く欲しい本を電話、ファクス、ハガキ、メールなりで意思表示をしなくてはならない。「グングン先へ進んでいく」というのは、そんな事情を背景にしたアドバイスだ。

「ぜんぶ見終わったらもういっぺん読みかえす」というのも苦労人ならでは。「必ずといってよいくらい、読み残しがあるもの」だという。読み残しがないとわかったら、次に「細部の検討に入る」。目録の情報は限られたスペースに押し込まれている。そこから「初・再版の別、美本か汚れありか、原本か復刻か、完本か欠本か」をチェックする。面倒に思うかもしれないが、こういった確認が、古本に関する知識を増やすための修業ともなるのだ。

また、「目録買い」について、著者はこんな知恵を授けることを忘れない。「目録を見て欲しい本がなくても、その分野の本がたくさんありそうな書店には、いちおう連絡してみることだ。かえってそんなときに、永年探求していた本が見つかる可能性がある」

とくに地方在住者は、地元に古本屋がないケースもあろうから、この「目録買い」が、資料やコレクターズアイテムを蒐集する生命線となる。あだやおろそかに「古書目録」は取り扱えない。

『私の神保町』で、前も気になったが、今回も目に止まったのは、著者が高校時代、多くの級友が熱中したという「カストリ雑誌や映画雑誌、実話雑誌、政界暴露雑誌、それにスポーツ新聞、エロ新聞」との記述。そのなかで、「エロ新聞」にカッコ付きで「『日本観光新聞』というのが人気の的だった」とある。エロとほど遠いタイトルの新聞だが、どんな内容だったのだろう。

紀田の書誌学を含む書物エッセイは無数にあり、いちいち挙げられないが、ほかに古書をテーマにした小説もたくさん書いておられる。『古本屋探偵の事件簿』『古書収集十番勝負』（ともに創元推理文庫）などは、小説としてもおもしろいし、読むうちに古書の知識がつく点でおすすめ。

第3章
オカザキ流、古書の森のさまよい方

イラスト／著者

アプローチはさまざま

この章では、第1章と2章を踏まえて、具体的に古本にどうアプローチするか、どうつきあっていくかについて、私の経験を述べてみよう。

「古本って、最初、どういうところから買えばいいですか」

私はよく、「古本入門」というテーマで、聴衆を前に喋るのだが、この質問には困った。「どういうところって、あなたが興味あるジャンルや、好きな作家の本を買うところから始めたらどうですか?」と答えるには答えた。質問者も「はい、わかりました」と言ったが、本当にわかったかどうか。

しかし、これは難しい質問だ。書評家だと名乗ると、半分ぐらいの確率で「最近、おすすめの本はありますか?」と聞かれる。これも難しいが、古本の場合より、まだアプローチの手がある。

古本の扱う領域はほとんど無辺際で、絵葉書や切手を集めている人もいれば、邪馬台国など古代史の史料を漁《あさ》っている人もいる。絶版マンガのマニアもあれば、三島由紀夫の初版本のコレクターも。同じ古本好きの客といっても、これだけ違う。逆に言えば、どこから入ったって自由とも言えるのだ。

『世界の終り』が始まりに

こんなことがあった。若者向けにビジュアル本やサブカルチャー本を集めた某即売展で、知り合いの、国語・国文学に強い古本屋の二代目が、村上春樹の『世界の終りとハードボイルド・ワンダーランド』（新潮社、一九八五年）を、定価の半額ぐらいで出していた（以後『世界の終り』と表記）。村上春樹の単行本は、ブックオフなど新古書店へ行けば、百円でも買えるので、「あれ？」と思った。そこで会場にいた二代目に、それとなく聞いてみると、「いや、岡崎さん。ハルキの『世界の終り』の単行本って、若い人に人気があって、売れるんですよ」と言うではないか。「単行本を見たことがなくて、インパクトがあるようですよ」とも言った。

うーん、と思わずうなった。いま、私の目の前に『世界の終り』の函入り、初版、帯つき本があるのだが、布貼りの本体に、がっちりした函、背に「純文学書下ろし特別作品」と刷られたシリーズのものである。大江健三郎『個人的な体験』も、開高健『輝ける闇』も、倉橋由美子『聖少女』も、遠藤周作『沈黙』も、安部公房『砂の

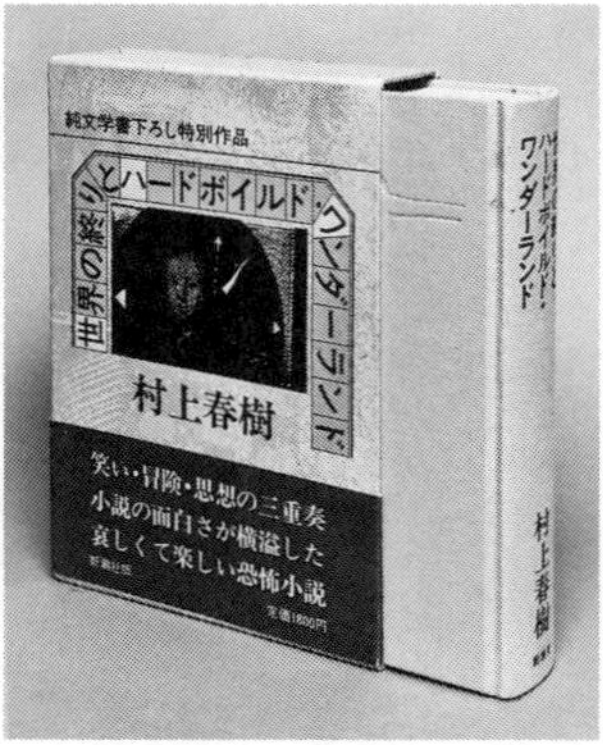

村上春樹『世界の終りとハードボイルド・ワンダーランド』（新潮社、1985年、初版、函入り、帯付き）

女』も、福永武彦『海市』もすべてここから生まれた。日本の純文学長篇の名品の多くはこのシリーズ、と言っていいほどだ。

村上春樹が、将来これほどポピュラーで、出る作品がすべてベストセラーになるような作家になるとは想像していなかった一九八〇年代。この新潮「純文学書下ろし特別作品」を書いたことで、ようやく一人前になったか、と、純文学オタクだった私などは思ったものだ。

それにしても、同シリーズで明るいピンクの装幀は初めてだったかもしれない。装幀・装画が司修《つかさおさむ》。それまで佐々木マキのイメージが強かった村上作品が、司修の手により飾られたのも感慨があった。七〇年代から八〇年代、「純文学」のイメージは、司修装幀により作られたと言っても過言ではない。

そんな事情をまるっきり知らない、『世界の終り』単行本が出たとき、まだ生まれていなかったか幼児だったような若い世代にとって、おそらく村上春樹との出会いは文庫だ。読み始めた最初も、その後さかのぼって旧作を読むときも文庫だったはず。当然ながら『世界の終り』も読んだのは新潮文庫だったろう。新潮文庫の『世界の終り』カバーは、最初、単行本の装幀を生かした司修デザインによるものだったが、その後ガラッとイメージを変えて、三度目はまた元に近いかたちに変えた。単行本は二〇〇五年に、これまた新装幀で作りなおした。どれだけ売れるんだ、ハルキは！

「あたりまえのこと」に驚く

さあ、一九八五年に出た、最初の『世界の終り』。ピンクの本体、ピンクの函に包まれた持ち重りのする単行本を見たとき、たしかに彼らにとっては、それが新鮮に映ったかもしれない。すでに文庫版は持っているが、千円以下ぐらいなら、こっちも持っていたい。読むのは文庫でいいけれど、本棚にこのピンクの本も並ぶとうれしい。そう思ったのだろう。

一九五七年生まれの私にとっては、よくよく知っていてあたりまえのこと、いまさら驚きもしないことが、三十年近く後に生まれた若者にとっては驚きとなる。それこそ若さの特権だ。たぶん私も三十年前に、若さゆえにいろんな「あたりまえのこと」に驚いたはずだ。そのことをいつのまにか忘れていた。

「古本道」の入口はそれでいいんだ。それでじゅうぶん。自分が知らない本に出会って驚く。それこそ基本ではないか。しかも調べると、すでに新刊で流通していない本だと知る。そうなると、欲しくなる気持ちに拍車がかかる。文庫で持っていても単行本が欲しい。これこそ本の魅力をより深く知る、手っ取り早い「古本道」の入門だ。

そうなると、手に入れる手段は古本しかない。古本の威力、値打ちがはっきりとわかる瞬間だ。私は、二代目古書店主の話を聞いて、ピンクの『世界の終り』をつくづく眺めながら、コトバにすればそう考えたのだ。古本の初歩の初歩だが、大事なことを『世界の終り』に教えられた気がした。

この、読めば中身はまったく同じなのに、またもう一冊買う、買えるってところに、「古本」のおもしろさ、怖さがある。文庫で読んだのに単行本も買う、あるいはその逆なんて、古本買いのなかでは「あるある」ネタの筆頭の一つ。初版と再版、装幀違い、出版社が違う別バージョンと、同じ本を買う理由はいくらでもある。

ちなみに、『世界の終り』の単行本は、いまではけっこうな古書価がついている。

古書検索サイト「日本の古本屋」によれば（二〇一七年一月現在）、司修装幀ピンク版『世界の終り』に該当するのは五件。重版で背少しヤケの千七百円がいちばん安く、初版帯付きで状態のよいものなら一万円、最高は四万九千円の値がついている。あれほどよく売れた村上春樹でも、初期単行本で初版・帯付きなら高値がつく。

ついでに言っておくと、村上春樹の単行本で古書価がとくに高いのは、川本三郎と共著の『映画をめぐる冒険』（講談社、一九八五年）で、文庫化されていないのと、早くに絶版になったため、数が少ない。「日本の古本屋」では、二〇一七年一月段階でヒットせず、アマゾンなら五千円以上する。私はこれを過去に三冊入手して（うち、一回は二百円で買った）、一冊は一箱古本市で千五百円ぐらいで売った。いくらなんでも、そんなものだろう。

古本世界で直立歩行

古本との出会いと進化は、人によってさまざまだ。私の出会いは、高校時代に好きな作家の品切れ絶版を、古本屋の棚から拾い出したあたりから。それから三十年以上を経て、いまだにこの興奮をひきずっている。いまでも古本屋の文庫棚に張り付いて、品切れ絶版の本を見つけて、それに思いがけず安い値がついているとうれしい。早くに、そんな少年期を卒業して、それぞれの専門分野を深く追求していく学究肌の古本者に比べ、どこか私はいまだ幼い。後悔しようにも、もう六十近いいまは、このまま行くしかないと観念している。

高校時代は気のいい仲間に囲まれて楽しく過ごした。そのことにまったく不満はないが、ただ、文学の話や、古本屋の話ができる友人は皆無だった。塀に向かってボールを投げて、はねかえるのを拾うように、たった一人で、こつこつと古本の世界になじんでいった。そのことが寂しかったかどうかも記憶にない。ただ、自分のために買ってもらった本棚に、集めた本が徐々に埋まっていくのがうれしかった。

買うのはもっぱら文庫だったが、同じ著者の同じタイトルの本が、単行本で出ているのを古本屋の棚で見つける。しかも案外、安い。カバーや函がない、なんてのはまったく平気で、とにかく安く買いたかった。ほかの店と、同じ本でも値段が違うことにおいおい気付き、「いやいや、これはあそこへ行けばもう少し安いはずだ」と知恵がついてきたのも高校時代だ。

第1章でも触れたが、古本の値付けには店主の好みも加わる。嫌いな作家の本は思い切って値段を下げる、ということもありうる。そこが個性である。この古本屋の「個性」を鼻でかぎ出す頃には、もういっぱしの古本者になっている。後戻りはできない、古本屋通いのおもしろさを知ることになる。

私の古本における発展史を人類の歴史になぞらえれば、私はこの頃、ようやく直立歩行を始め、脳が少し大きくなってきた。

生まれる前の本を買ってみる

その人の古本人生を考えるとき、たぶん一つの分水嶺となるのが、自分が生まれる前に出た本を買うことだ。研究者や一部の好事家など、初めから明治、大正、あるいは昭和初期の本が必要で買う人はいるだろうが、普通の読書生活をしていて、そんなに古い本に手を出す理由が見当たらない。私もずっとそうだった。

古本を買い始める入口が、日本の現代文学、それも純文学と呼ばれる分野だった青春期、若さゆえの突進スタイルで、視野を狭くして古本買いをしていたから、いま自分と同じ空気を吸っている人たちが書いた本を追うのにせいいっぱいだった。

その宗旨を大きく変えたのが、別のところで何度か書いてきたことだが、昭和初年

吉岡鳥平『哄笑極楽』（現代ユウモア全集20、小学館、昭和５年、初版、函入り）

に出た『現代ユウモア全集』。「自分が生まれる前に出た本を買う」行為の、これが初体験だった。衝撃だった。もう三十歳を過ぎていたから、遅い感性の爆発である。

　本文平均「五百ページのユーモア文学全集」で、挿し絵がたくさん入っていることが魅力。麻生豊『嫁を探しに』のように、全編マンガだけの巻もある。カラフルな布貼り表紙には、イラストが斬新にあしらわれ、そのデザイン感覚のモダンさに圧倒された。このシリーズを見ただけで、昭和初期の出版文化の質の高さがうかがえた。

　すごいぞ、すごいぞと、当時通い始めた旧東京古書会館の即売展で、名うての古書マニアの群れにもぐりこみ、一冊、一冊買い集め始めた。裸本で八百円、函入りだと千五百円から、高いのは二千円以上した。徳川夢声・岡田時彦・古川緑波《ロッパ》というすごいメンツの『漫談レヴィウ』は全二十四巻のうち十八巻目で、最終巻の保積稲天《いなてん》・長崎抜天《ばってん》『命のばし』とともに、なかなか手頃な値段では手に入らず難物だった。というのは、こういったシリーズもの、全集ものは、若い巻のほうが売行きがよく、あとになると落ちていくため発行部数が減る。そのため、入手が難しくなるのだ。

坪内逍遥『後生楽《ごしょうらく》』、堺利彦『桜の国・地震の国』、戸川秋骨《しゅうこつ》『楽天地獄』、長谷川如是閑《にょぜかん》『奇妙な精神病者』、生方敏郎『東京初上り』、佐々木邦《くに》『明るい人生』、岡本一平『手製の人間』、正木不如丘『ゆがめた顔』、近藤浩一路《こういちろ》『異国膝栗毛』、大泉黒石《こくせき》『当世《とうせい》浮世大学』、高田義一郎『らく我記《がき》』、牧逸馬《いつま》『紅茶と葉巻』、田中比左良『涙の値打』、水島爾保布『見物左衛門』、細木原青起《ほそきばらせいき》『晴れ後曇り』、佐々木邦『笑の天地』、麻生豊『嫁を探しに』、徳川・岡田・古川『漫談レヴイウ』、池部鈞《ひとし》『凸凹放送局』、吉岡鳥平《とりへい》『哄笑極楽』、東健而《ひがしけんじ》『ユウモア突進』、牧逸馬『ヴエランダの椅子』、佐々木味津三《みつぞう》『恋《こい》を吹く喇叭《らっぱ》』、稲天・抜天『命のばし』

いま、頒《はん》を厭《いと》わず全巻の著者とタイトルを抜き出して、これらを探して、古書会館の即売展やデパート展をうろついていた頃を思い出していた。すべて揃うのに二年ぐらいかかったか。金に糸目をつけず、というのは無理だったから、函なしのままのものもある。しかし、集め終わったときの充実感はなんとも言えないものだった。

さらに広がる世界

『現代ユウモア全集』は、奥付を見ると「東京市神田区表神保町六番地　小学館・集英社内　現代ユウモア全集刊行会」とある。検印紙は昔、小学館の学習雑誌によくついていた、テーブルを挟んで両側に少女が座る影絵をデザインしたもの。「表神保町」「裏神保町」なんて呼び方が町名としてあったことを知る。また、大正十一年に創立した小学館から、大正十五年に娯楽雑誌部門が独立して同社屋内にできたのが「集英社」ということも分かった。

集めるうちに、巻末のシリーズ広告から、最初十二巻の予定で始まったシリーズが思わぬヒットとなり、全十八巻に修正され、のち正篇・続篇各十二巻の全二十四巻と、当初の予定より倍増したことも知る。この全集のパンフレット二種を、ちょっと高かったが買ったのも『現代ユウモア全集』熱が高かったからだ。

著者名のうち、知らない人も多かった。生方敏郎、正木不如丘、田中比左良、水島爾保布なんて読み方さえもわからない。それぞれ「うぶかたとしろう」「まさきふじょきゅう」「たなかひさら」「みずしまにおう」と読むことがのちに判明する。まだ、ネット環境が普及していない頃、あちこちぶつかりながら、少しずつ情報を集めていく。それがよかったのかもしれない。一つのことを調べる副産物として、また新たな情報を得るからだ。

生方敏郎がじつは、明治末期から大正・昭和期の大変なジャーナリストで、「東京朝日」記者時代から口語文による記事を書き、のちユーモア作家として名を馳せ、『ゆもりすと』という個人誌を発行したことを知り、あわてて中公文庫『明治大正見聞史』を入手（すごいぞ中公文庫！）。『謎の人生』『哄笑・微笑・苦笑』『食後談笑』『山椒の粒』など、いかにもそれらしいタイトルの著作も買った。関川夏央・谷口ジロー『「坊っちゃん」の時代』シリーズ（双葉社）に、朝日記者時代の生方が出てきたときは、「あっ」と声が出た。

白っぽい棚が黒っぽく

社会主義運動の大物たる堺利彦が、同時にユーモリストであることも、このシリーズで初めて知ったし、探偵小説作家だった正木不如丘が私費を投じて作った「富士見高原療養所」が、堀辰雄『風立ちぬ』の節子がいたサナトリウムで、堀自身も入院しており、竹久夢二や横溝正史も同療養所の患者だった、なんてところから、正木の『日光療法』ほか一連の結核療法ものを買ったりもした。

こうなると、まったく未知だった、手も触れなかった大正から昭和初期の本が、どんどんよく見えてくる。とくに昭和初期に出た雑誌、それに『玉突術』や『ベビー・ゴルフ』なんて実用書や趣味本の類も、昭和初期という理由で買ってしまう。思えば荒っぽい時期だった。しかしそのおかげで、歴史の教科書や年表からは伝わってこない、時代の生の空気が、古本という現物を通して身体へ入ってきた気がした。これはありがたかった。

買っても買ってもまだ買える……というより、買ったことで、買う理由や動機が次々と土のなかから掘り出されてくるという感じだった。

講談社から出ていた佐々木邦の弁当箱みたいな、サイズの大きい全集や、岡本一平の全集など、『現代ユウモア全集』を手掛かりに、次々と欲しい本が増えていく。『現代ユウモア全集』スクールの生徒、と言ってもいいだろう。おかげで、それまでわりあい白っぽかった自宅の本棚が、みるみるうちに黒っぽく見えてきたものだ。「黒っぽい本」とは、厳密な定義はないが、主に昭和二十年代以前に出た、見た目に黒っぽく見える古い本のこと。

あるいはようやくこのとき、私は、古本の深い森の入口に立ったばかりだったのかもしれない。

昭和四年『文藝春秋』を読む

先日、ひさしぶりに古い雑誌を一冊買った。昭和四年新年特別号の『文藝春秋』だ。東京古書会館の「和洋会」という即売展で三百円だった。昭和初年の『文藝春秋』の相場は、記事内容や号にもよるが、だいたい千五百円から二千円。これはかなり安い口だった。とくに切り取りも大きな損傷もなく、拾いものをした、という感じだった。

これは坪内祐三さん（コラム⑧）も書いているが、昭和四年から五年ぐらいまでが、この手の雑誌がおもしろいぎりぎりの年で、昭和六年になると満州事変が勃発し、雑誌の傾向も徐々に軍国化してくるのだ。

この号は目次を見るかぎり、まだ無傷で太平楽なムードが横溢《おういつ》している。新年特別号ということは、じっさいに刊行されたのは前年の十二月。奥付に「昭和三年十二月

『文藝春秋』昭和４年、新年特別号

十八日印刷納本」とある。第七年第一号なら、創刊して七年目に入ったことも表紙のデータからわかる。

『文藝春秋』について詳述は不要だろう。大正十二年（刊行は前年十二月）に、菊池寛がポケットマネーで創刊させた月刊誌で、九十年以上の長きにわたり、広く読者を獲得し、「国民雑誌」とも呼ばれている。芥川賞受賞発表号はとびきり部数がはねあがることでも知られる。

昭和四年新年特別号は、本文約三百五十ページ。判型は現行のA5判より、やや縦長でスマートな感じ。表紙には絵も写真もなく、中央に黒バックの白抜き文字で大きく「文藝春秋」とあり、右から横書きで「菊池寛編輯」と。表紙の周囲は、中華料理の器の縁にあるみたいな模様が赤で縁取られている。あまりに素っ気ない印象だが、この時代の総合誌といえば、『改造』『中央公論』なども似たようなものだ。

この号は特別価格で四十五銭。創刊時には十銭だった。現代との物価の比較は難しいが、昭和初年のコーヒー一杯やカレーひと皿の値段がだいたい十銭。駅弁の幕の内弁当が三十銭というから、それらに比べたら『文藝春秋』の四十五銭は、ちょっと割高な印象だ。現在の物価で千五百円ぐらいか（二〇一七年新年特別号が税込み九百三十円）。

ことあるごとに参考にする『値段の明治大正昭和風俗史』（朝日新聞社）の「総合雑誌」の章を杉森久英が担当しているが、明治四十五年生まれの杉森にとって、学生の頃の総合雑誌といえば『中央公論』と『改造』で、『文藝春秋』は「文壇色が濃いので、文芸雑誌と見なされていた」という。

広告が「淋疾にプルサン」「脳神経鎮静剤　ホパレット」「（鉄分補給の）テツゾール」、それに「東京朝日新聞社」「冨山房」「報知新聞」「国民新聞」と、ほぼ医薬とマスコミに限られているのは、この頃、出版広告に規制があり、どんな業種でも広告が打てるというものではなかったからだ。医薬が圧倒的に多いのは、実用性が重んじられたのだろう。目次裏の「新マツダランプ」、記事中の仏蘭西料理店「ボントン」が本号広告では目を引くぐらい。

古雑誌のおもしろさは広告にある、と言ってもいい。書体やデザインを含め、商品を売る手法など、なによりそこから時代の空気が伝わってくるからである。

近代の女傑たちによる座談会

巻頭随筆の上司小剣《かみつかさしょうけん》「禁煙家列伝」、松尾邦之助「フランスではどうして俳諧が熱望されているか」、下村海南「空の旅エピソード」、あるいは文壇ゴシップ、川端康成・横光利一と新感覚派コンビによる「文藝時評」、正木不如丘、小酒井不木《ふぼく》などの「実話四篇」、古川緑波が「麻雀入門」、菊池寛が将棋について書いた「勝負事の話」など、おもしろそうな記事が満載なのだが、とくに私がこの号で注目したのが「有名女性評判会」だった。

長谷川時雨《しぐれ》、太田菊子、金子しげり、今井邦子と、当時の女傑がずらり顔を並べ、それを受けて立つ男性陣が、星島二郎、田中良、そしてボスの菊池寛。ここまで知ったかぶりをしておいて恥を晒すようだが、この女傑のうち、私が知っていたのは長谷川時雨ただ一人。長谷川は『旧聞日本橋』の著書を持つ、作家・婦人運動家で……というより明治の美女として名を知っていた。『女人藝術』を創刊させた人でもある。

座談会（このコトバも『文藝春秋』から生まれた）は、当時有名だった女性について、その印象や人柄などを、次々と俎板に乗せて論じようというもの。鳩山春子、細川侯夫人、寺島伯令嬢、宮崎白蓮《びゃくれん》、原阿佐緒《あさお》、九條武子、栗島すみ子、夏川静江、三宅やす子、宇野千代、山田順子、吉屋信子、中條《ちゅうじょう》百合子、山川菊栄、伊藤野枝、神近市子等々、壮観だ。これらの名前を拾っていって、調べるだけで、ちょっとした近代女性史が書けるはずだ。

この座談会に登場する女性は、おおむね出席者から好意的に寸評されているが、あれ？　と思ったのが、ハワイ学術会議へ日本女性たちが参加したくだり。金子しげりが「北村さんなどは大分物議を醸したといふ事です」と発言、それを受けて菊池寛が「北村兼子さんなんどは何でいったんです」（原文ママ）と聞く。「あの方は随行といふ資格でせう。所が船の中であの人がダンスばかりするので、他のお婆さんが困った」と太田菊子が伝聞ながら、つけ加えている。

どうも、女性陣に「北村兼子」の存在は悪意で取られているようだ。ここに棘《とげ》のようなものを感じたのだ。

女傑たちに毛嫌いされている北村兼子とは何者か。逆に興味が湧いてきた。こうなると古本だ。古書サイトで検索すると、たくさん著作が引っかかった。大正十五年の

『ひげ』に始まり、『竿頭《かんとう》の蛇』『怪貞操』『女浪人行進曲』『情熱的論理』『表皮は動く』『新台湾行進曲』『地球一蹴』『子は宝なりや』『大空に飛ぶ』と十一冊が、昭和初年に集中して出されている。タイトルのつけ方も女性の著作としては少し変わっていて、どうやら一筋縄ではいかない存在であることがわかる。古書価格はいずれも五千円から五万円ぐらい。いい値がついている。ということは、需要があるのだ。

東方出版から平成十一（一九九九）年に、「おおさか人物評伝」シリーズの一冊として『北村兼子　炎のジャーナリスト』が出ていることがわかった。著者は大谷渡。とりあえず、北村兼子を知るために、この一冊を「日本の古本屋」検索で見つけて取り寄せた。

そこで、この女性が女子大生にして「朝日新聞」の記者を務め、婦人運動に邁進し、飛行士の免許を取るなど、尖端的なモダンガールであることがわかった。昭和六年七月に、腹膜炎のため死亡。享年二十七。

ものを知れば目がよくなる

昭和四年の『文藝春秋』を読むまで、まったく関心のなかった人物や時代背景にどんどん惹き込まれていく。すると、次の古本巡りのとき、その分野の本が目に飛び込んでくるのだ。人名を中心とした固有名詞を、できるだけたくさん頭に取り込むこと。関連する書籍や雑誌、資料を読むことで、人物や時代、風俗などへの自分なりの見方が生まれる。物書きならそれがネタになり、次に書くべき原稿につながるだろう。

普通のビジネスマンだって、知識欲や、つねに新しいことを知ろうとする好奇心は絶対必要だ。もちろん、それは新刊書店と図書館だけを利用していても、ある程度は満たされる。大谷渡『北村兼子』は現在でも入手可能だし、大空社から北村の著作『婦人記者廃業記』が復刊されていることがわかった。ただし定価は七千百三十六円。

一つものを知れば、その背後にあるものが一緒にくっついて知的好奇心を刺激してくる。それまで、古本屋の本棚を見ているつもりで見ていなかったものが、知ることで見えてくる。知れば目がよくなるのだ。

この先、古本屋、各種即売会、デパート展などの棚で、北村兼子の著作があれば、私は絶対に見逃さないと思う。買えるか買えないかは値段次第だが、手に取って、装幀造本、本文の組など本の存在感を手と目に覚えさせる。北村兼子が、より自分に近づいてくるのはこのときだ。これまでにもたぶん目にしているんだろうが、知らないから、ないも同然だった。知ることがいかに大事か。

あらゆる意味で、北村兼子は、ＮＨＫ「朝の連続テレビ小説」のヒロインにぴったりだと思うが、関係者のみなさん、いかがでしょうか？

こと程さように、古本とつきあうことは、自分がいかにいろんなことを知らないか、ということを「知る」行為でもある。知って初めて、そのことを知らなかった自分に気付く、と言ってもいい。私など、日々その繰り返しだ。

新しい「知見」を連れて、古本屋へ行けば、昨日よりいっそう本棚がよく見えて、買うのが楽しくなってくる。

今回も北村兼子調査の副産物として、近代の女傑について名前が次々と飛び込んできて、花園歌子という大物の存在を知った。花園は踊りの花園流の開祖で、大正から昭和初期、モダン芸者で名を売った。また、大変な古書通としても知られる。この世界で誰もが知る、明治堂書店・三橋猛雄の客で、売笑女性関係資料のコレクターだった。露店の古本屋で、安い値段で掘り出しものをする名人とも言われた。

また、明治文化研究会の一員、吉野作造が古書蒐集を通じて人脈を作ったなかに花園もいた。花園の夫が芸能研究家の正岡容《いるる》と知ってまた驚く。こういうことを得意にするのは山口昌男だ、と探索の手が確かなところへ伸びていくといった次第。

　古本を利用して、少し後押ししてやれば、あとは勝手に雪だるまが転がるように、「知」が膨らんでいくのだ。そうすると、自然に古本屋へ足が向くし、町の古本屋で間に合わなければ、東京なら本郷、早稲田、神保町などの古本街へも行ってみようかという気になってくる。かくして「古本道」はいよいよ、深く、熱くなってくるのだ。

コラム　達人に学べ！❸

坂崎重盛

二階の店に美の迷宮あり

坂崎さんの生年を見て驚く。昭和十七（一九四二）年生まれだから、もう七十を超えておられる。いつも酒場などでお目にかかるとき、私とは十五歳違いだがなんとなくせいぜい十歳ぐらい上の感じで話してしまう。生活感がなく、いつも時代から超絶したところで、生きたいように生きているから若々しいのだ。

坂崎さんの本職は編集者、随文家（と名乗る）。『一葉からはじめる東京町歩き』（実業之日本社）をはじめ、多くの東京本、下町歩き本を出している。平山蘆江《ろこう》、木村荘八、正岡容、三田村鳶魚《えんぎょ》、安藤鶴夫など、江戸の気風を残す東京人たちの著作、それに版画、ひょうたん、ステッキなどを蒐集する趣味人で、けっして威張らない。私にとって、理想の大人の一人だ。

『神保町「二階世界」巡り』(平凡社)は、同タイトルのエッセイを巻頭に置いた、東京人および東京を巡る文章の集成。ここでは表題作と「神保町、古書店巡りの後での一杯はどこで?」に注目したい。

「二階世界巡り」とは何か? 神保町の靖国通り沿いに並ぶ古書店は、多くがビルになっているから、当然ながらお店は一階だけではない。二階にある古書店、それが「いきなり〝異界〟であったりする。突然の迷宮になる」と坂崎さんは言うのだ。私はほとんど一階派。地続きの一階に比べ、階段を上がっていくというだけで、二階の店は入りにくい。ちょっと勇気が必要だ。そこを押して攻めてみると新しい世界が広がる。これは、神保町古本屋街の新しいアプローチと言えよう。

たとえば靖国通り北側の**山田書店**。一階はいきなり特価本や芸能人の写真集で迎えられるが、階段を上がると「江戸・明治の錦絵、また、現代の内外の版画家作品が引き出しに分けられ売られている」。まさに別世界。坂崎さんは「私のなけなしの小遣いのどれほどがこの店で消えたことだろう」と愛好ぶりを示している。

　同様に原書房の一階は易学・漢文だが、二階は浮世絵。「刷りも保存も選び抜かれた品が多い」という。「山田書店」に比べ「少々、敷居が高い」とは、坂崎さん、正直だ。たしかに、古地図・観光絵葉書を揃える秦川堂書店《しんせんどう》、和洋の美術書・和本などの一誠堂書店、文学館、美術館級の稀覯書《きこうしょ》・肉筆原稿が並ぶ玉英堂書店と、〝二階〟の店は趣味性が高く、ハイクラスな商品を扱っていることに気付く。それを神保町の〝奥の院〟と坂崎さんは呼ぶ。

「私は、その〝奥の院〟たる『二階世界』を堪能し、そこでのいくばくかの獲物を手に、いつも夢心地のまま地上の人となる」。ちょっと背伸びして、粋な神保町体験をするには、〝二階〟へ上がることだ。

　また、左党の坂崎さんは、本を買うだけではなく、そのあとくつろいで咽《のど》をうるおす場所探しにも熱心だ。「神保町、古書店巡りの後での一杯はどこで？」はそんなガイド。「古本散歩とともにビール（それも生ビール）の街」として神保町を位置づける。

　坂崎さんが二十代になったばかりの古書店巡り。改装前の「ランチョン」を、最初は覗くだけ。何度目かのとき入ってみた。そのとき「自分が一人前の大人になったような」気がしたそうだ。これ、わかりますね。「ランチョン」はいまでも生ビールがおいしい店。「山の上ホテル」の中庭のビヤガーデン、ここもいいらしい。

ほか、「〝店に入る〟というよりは〝もぐりこむ〟」気分なのが、「ラドリオ」「ミロンガ・ヌオーバ」「さぼうる」。「ラドリオ」では、「入ってすぐ左側の、テーブル一つがやっと入るような席で生ビール」。BGMは古いシャンソン。

その向かいにあるのが、タンゴのかかる「ミロンガ・ヌオーバ」。

「まだ人が一生懸命仕事をしている夕方前、『ラ・クンパルシータ』などをBGMに古書店巡りの成果を味わうべく、この店の隅でゆっくり紙包みをほどいたりしていると、世界で自分が一番幸福な人間に思えてきたりする」

古本を買うだけではなく、その日いちにちを豊かに過ごすため、いかに自分を演出するかをよく知っている人の文章だ。

第4章

世界一の古書街「神保町」ガイド

イラスト／著者

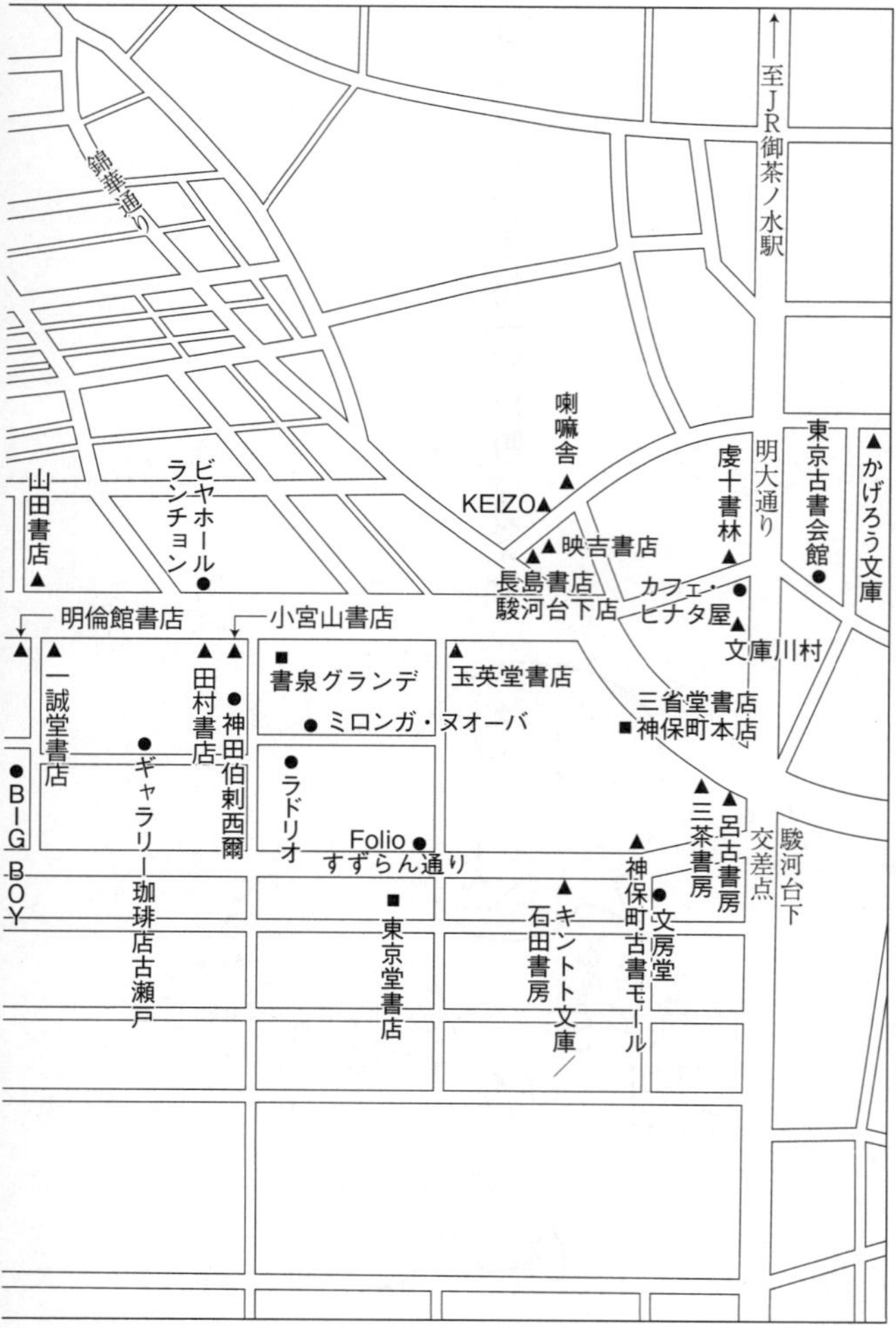

至JR御茶ノ水駅
錦華通り
明大通り
喇嘛舎
KEIZO
映吉書店
長島書店
駿河台下店
虔十書林
東京古書会館
かげろう文庫
カフェ・ヒナタ屋
文庫川村
山田書店
ビヤホール ランチョン
明倫館書店
小宮山書店
一誠堂書店
田村書店
神田伯剌西爾
ギャラリー珈琲店古瀬戸
BIG BOY
書泉グランデ
ミロンガ・ヌオーバ
ラドリオ
玉英堂書店
三省堂書店 神保町本店
Folio
すずらん通り
東京堂書店
キントト文庫／石田書房
神保町古書モール
文房堂
三茶書房
呂古書房
交差点
駿河台下

神保町マップ
至JR水道橋駅
西秋書店
白山通り
専修大学前交差点
地下鉄都営新宿線・半蔵門線神保町駅
靖国通り
▲@ワンダー
原書房
神田古書センター
秦川堂書店
神保町交差点
さぼうる
地下鉄都営三田線神保町駅
■ 新刊書店
▲ 古書店
● 飲食店ほか
文中に登場する店のみ掲載

とりあえず神保町へ

二〇一一年三月十一日、東日本を襲った大震災の日、私は神保町にいた。

週に一度、神保町から徒歩圏内の竹橋パレスサイドビル内にある『サンデー毎日』編集部（現在、九段下のビルへ移転）で書評の仕事をしている。急いでいるときは、自宅に最寄りの中央線「国立」駅から、東西線に乗り換え、「竹橋」駅で下車するが、たいていは中央線でそのまま「御茶ノ水」駅まで行く。そこから広がる神田神保町の「本の街」をゆっくり遊泳するのだ。滞在時間は一時間半から二時間ぐらいか。昼食も散髪もここで済ませる。

午後から、毎日新聞社四階のサンデー毎日編集部で仕事。終わって、帰り支度を始めた頃、突然揺れが来た。じっさいには四、五分ほどだったかもしれないが、相当長く揺れているように感じた。窓の外、皇居外周の街灯が、腕をぐるぐる回すように揺れている。いつもつけっぱなしのテレビは、速報で東北方面で大きな地震があったこと、津波の情報を伝える。

私はこの日、夕方から大阪行きの仕事があったので、止まっている地下鉄を横目に、歩いて東京駅へ向かった。地震があったのは東日本でも、西はだいじょうぶかもしれない、と甘く考えたのだ。まったく甘かった。新幹線も在来線も地下鉄も、とにかく鉄道は全面ストップし、復旧の見込みはない。しばらく東京駅構内（改札はオープン状態で、出入りは自由だった）の階段で座っていたが、携帯もつながらず、駅員も右往左往するだけで要領をえない。まったくお手上げ状態となった。

長いまくらで恐縮だが、そのあと私が取った行動は、とりあえず神保町へ行こう、というものだった。神保町は骨身にまで沁み込んだ、熟知する町。だいいち本がある。喫茶店がある。神保町へ行けばなんとかなる。そう思ったのだ。最終的には、この日、私は毎日新聞社へ戻り、夜を明かすことになるのだが、都内が混乱するなか、いったん神保町へ戻ったのは正解だったと思っている。

ここで言う「神保町」は、先に地図で示した〝本の街〟一帯を指す総称としての「神保町」である。

どうやら、目が覚めている間は本のことばかり考えている人間にとって、非常事態になったとき、ライフラインのほかで、なくて困る筆頭に「本」があるようなのだ。外出するときに、たまにカバンのなかに本を入れ忘れて電車に乗ったりすると、もうそわそわしてくる。途中下車して、どこかの本屋で本を買ってこないと、その先、電車のなかで、どうしていいかわからない。

完全な活字中毒（もやは死語と承知しているが）にとって、ただ周囲に無尽蔵に本がある空間を背負っているというだけで、安心してしまうらしい。

地震のときばかりではない。都心で午前、あるいは昼ごろに取材など仕事があり、その夕方から人に会ったり、別の仕事が入っている場合。そこがたとえば渋谷だったり、銀座だったりしても、私はとりあえず「神保町」へ向かう。どこか近場で時間をつぶそう、とは考えない。都心で余った時間を消化するとしたら、「神保町」なのである。古書街をぶらりと散策し、新刊書店へも寄り、何冊か本を買い、喫茶店へもぐりこむ。それで三時間でも四時間でも、自在に次の行動に合わせて時間調整ができるのだ。こんなありがたい町はない。

「知」のワンダーランド

「神保町」へ行かずして、古本について語るなかれ。

そう言い切って間違いないだろう。約百六十軒の古書店が集結する世界一の古本町であり、全国の古書店業者が籍を置く全国古書籍商組合連合会がある総本山でもある。東京のへそともいうべき「皇居」の北、六百メートルほどの位置、東西に伸びる靖国通り周辺には、まんじゅうの皮に包まれたあんこのように古書店が詰まっている。

しかも、この十年ぐらいの間に、古書店の数はメインストリートの靖国通りから一本、二本裏筋に微増中。日本全体では、閉店、ネットへ移行など古書店撤退が目立つなか、店の数が増えているというのがすごい。

それもこれも、「神保町」の名が、宝石服飾における「銀座」、明太子における「博多」などと同じく、ブランドだからだ。名刺を出されて、店の名前を知らなくても、住所に「神保町」と刷り込んであれば、「ほう、神保町ですか」と全国の業者、あるいは古書好きの人への一定の信頼が約束されている。「JIMBO-CHO」は古書界で世界に通用する町名でもある。古書店を始めた多くの人が、「神保町」で店を構えたいと思っているはず。

バブル時には、ひと坪ウン千万と言われ、地上げ屋が暗躍したこの町だったが、いまでも一等地ながら地価は落ちついて、全体に家賃が下がったせいで出店しやすくなった。そのため、都内の郊外で営業していた業者が、「神保町」へ移転する傾向が目立っている。業者の市場が開かれている東京古書会館が近くにあるのも、なにかと都合がいい。漁港の近くに魚市場、魚屋や寿司屋があるのと同じ理屈だ。

そんなわけで、この世界に冠たる古本町は、業界全体では売り上げ低迷と言われながら、いまだに「ブランド」として「知」のワンダーランドたり得ているのだ。この地を詣でることなく、「古本」のなんたるかを語るのがおこがましいことがおわかりだろう。

本の町になったわけ

「神保町」は古書店が集中しているだけではない。駿河台下交差点にある「三省堂神保町本店」を筆頭に、すずらん通りの「東京堂書店」、靖国通りの「書泉グランデ」と、大型書店が指呼《しこ》のエリアにあるし、岩波書店、小学館、集英社、白水社、日本文芸社、青土社など出版社もこのエリア内で営業をしている。かつてほどではないとはいえ、中小の取次、印刷、製本、卸売り業者も加えて、ゆりかごから墓場まで「本の町」をかたちづくってきた。

そもそも、大手町という一大ビジネス街の近くに、なぜこれだけ巨大な「本の町」

が形成されるに至ったのか。本好きなら必携の名著（私はスペアも含め三、四冊キープしている）脇村義太郎《よしたろう》『東西書肆街考』（岩波新書黄版）にその理由が詳述されている。

江戸時代、この一帯には、江戸城が近いために旗本の屋敷が広く地所を占めていた。「神保町」の名も、ここに屋敷のあった神保長治《じんぼうながはる》の名に由来する。この時期、広く「小川町」と呼ばれていた。江戸末期、一ッ橋通りに移転した蕃書調所《ばんしょしらべしょ》が開成所となり、つまりこれが東京大学の前身となる。時代は明治に入り、ここが「明治新学問の源泉」として、多くの大学、専門学校を生む。東京外国語大学、学習院、校名に地名を残す一橋大学など、出発は「神保町」だったのだ。

明治十年前後から二十年にかけて、こうして学校街へ変貌していった「神保町」には、当然ながら学者や学生が集まってくる。「明治十年頃から学校街に続く表神保町の通りに教科書・参考書、その他新古本売買を目的とした本屋がぼつぼつでき始めた」と『東西書肆街考』は書く。こうして旗本町が古本町に変貌していくありさまが、同書には描かれている。くわしくは、ぜひ手にとってご覧あれ。

かだ。

神保町デビューの人へ

さあ、「神保町」へ行くということは決まった。あとは、どうアプローチしていくかだ。

「神保町」初心者がよく犯す間違いに、「神田神保町」という町名から「神田」にあるとばかり思いこんで、ＪＲ「神田」駅で降りてしまうことだ。じつは、最初に私も犯した間違いだ。いまみたいに、やたらに「神保町ガイド」のムック本や書籍が刊行される時代ではなかった。関西人にとって手掛かりはまず駅名で、「神田」とあるからには「神田」に違いないと思っても責められない。しかし、「神田」駅から神保町交差点まで、二キロ近くはあるぞ。

「神保町」のメインストリートである靖国通り、古書街の要《かなめ》にある神保町交差点へ出るには、地下鉄の三田線、新宿線、半蔵門線の「神保町」駅で下車して地上へ出るのが、いちばんわかりやすい。東西線なら「九段下」駅から半蔵門線に乗り換えるか、そのまま地上へ出て東へ少し歩くと、やはり古書街の端っこに辿《たど》りつくことができる。

私は中央線族なので、ＪＲ「御茶ノ水」駅で降りて、そのまま明大通りを下っていくルートを使うことがいちばん多い。この明大通りがけっこうな坂で、タタタタと早足で歩くと、自ずと古書街へ向かう気持ちにもはずみがつく、というものである。
ほとんど毎週金曜と土曜に開かれる、東京古書会館の即売展がある日は、駿河台下交差点へ降りきる前に、こちらへ寄っていく。即売展の話は、第7章でするつもり。

まずは準備を

事前の準備としては、パソコンの使える人なら、「BOOK TOWNじんぼう」というポータルサイト（http://jimbou.info/）から「神保町へ行こう」というページにアクセスすれば、手軽に古書の町・神保町についてくわしく調べられる。「本」以外にも「食」や「神保町散歩道」など、町歩きの楽しみも味わえる。なかなか心憎いサイトだ。

もちろん、パソコン音痴の人もだいじょうぶ。地下鉄「神保町」駅のA7出口を出て、靖国通りを三省堂書店方面へ少し歩くと、「本と街の案内所」がある。いわば、ここは「神保町」の交番で、各種案内の地図や、検索用のパソコンが置かれている。自分ではパソコンに触れなくても、たいてい案内人が常駐しているから、気軽に尋ねればいい。ほんと、便利になったものです。

私は、明大通りを降りきって、交差点で信号待ちをするとき、目の前に三茶書房、その隣りに「三省堂神保町本店」のビルが見えると、もうそのときから心が少し高鳴るのだ。「神保町」へ足を運んだ回数は、この二十年で千回を軽く超えると思われるが、それでも、いつでも、そうなのである。

ただ、初心者の人が、いきなり約百六十軒を擁する古書街へ入りこんでも、面喰らうだろう。靖国通りにある店だけ、正直に一軒一軒回っていても、日が暮れるし疲れるだけだ。はっきりと、探している分野や目的があるなら、それぞれパソコンや案内所を使って専門店を探して訪ねていけばいい。

古書センターで核心に触れる

これまで私は、何度か依頼を受けて、一般の人を連れて「神保町」の古本屋巡りを楽しむためのガイド役を務めてきた。最初に、参加者を集めて、ひとわたり古本の楽しみ方と、店に入るときの注意点（やたらに棚から本を抜かない、大声で話さない、雨の日は傘の扱いに気をつける等）をレクチャーし、古本屋だらけの町に放つ。最後に再度集合して、みなさんの戦利品を見てコメントを言うというかたちが多い。

ほとんどが、古本に関する知識はなく、なかには古本そのものを触ったことがない、なんて人もいらっしゃる。そんなとき、よくおすすめするのが**神田古書センター**だ。ここは、ワンフロアどころか、十一階建てのペンシルビルに古書店が同居している。武道と古典芸能の一階**高山本店**を始め、動植物から釣りなど自然科学全般の**鳥海**《とりうみ》**書房**など個性的な店ばかり。漫画専門の**夢野書店**が近年、新たに加わった。

とくに押さえておきたいのが、児童書・絵本の**みわ書房**。古本道初心者が最初に感動するとしたら、一つには、子どもの頃によく読んでいた本に、思いがけず、もう一度出会えるときだろう。絵本にしても、児童書にしても、子どもというものは、とにかく気に入った本を何度も繰り返し読む。登場人物のセリフや、そこに使われた絵なども、柔軟で新しい脳にしっかり刻み込まれている。

子どもの本は残りにくい

ところが、子どもの本というのは、成長する段階で、教科書などと一緒にたいてい処分されてしまう。「いつまでも、子どもの本を読んでないで、もっとお兄ちゃん（お姉ちゃん）の読むような本を読みなさい」と、親による教育的指導により、ゴミと一緒に出されてしまう。

いまなら、状態さえよければ、絵本や児童書を買い取る古本屋が増えている。しかし、子どもの本は、落書きしたり、名前を書いたり、あるいは破ったりと状態がよくないものが多い。それで、長らく古書業界では敬遠されてきた。

「みわ書房」は、業界でいち早くこの分野に目をつけ、大正、戦前期にまでさかのぼり、児童書や絵本を専門分野に掲げて蒐集してきた。誰もやらないことに手をつけた「みわ書房」三輪峻《たかし》さんを、私は立派だと思う。

小学生のとき、図書室で日が陰るまで読みふけった、ポプラ社の〝少年探偵・江戸川乱歩集〟や〝怪盗ルパン全集〟、あるいは各社から絵入りで出ていた偉人伝の類、少年少女向けにリライトされた世界文学等々。表紙から扉、それに奥付まではっきり記憶に刻まれた思い出の本が、実物そのままに目の前にもう一度現れたら、どれほどの喜びと驚きか。私はつねに、古本はもっとも手軽に、その時代へ戻れるタイムマシーンだ、と宣言している。その手始めとして、児童書や絵本との再会がある。

同じ本文がいま、テキストとして手軽に読めたとしても、当時に読んだ本のかたち、色、絵柄、本文の書体、巻末の出版案内などが違ってしまえば、それは同じ本じゃない。ここが、古本の大事なところなんだ。

堀江敏幸が古書センターへ

しばしば「神保町」特集を組む雑誌『東京人』（二〇〇四年十月号「二〇〇四年版神田神保町の歩き方」）のなかで、作家の堀江敏幸が、一万円という予算を使って、古書センターで買い物をしている。「みわ書房」では、寺田寅彦作、寺田正二編『とんびと油揚』（一九四八年二刷）をまず五百円で購入。中央公論社が出した児童向け叢書「ともだち文庫」の一冊。ミルクキャラメルの箱のような黄色い表紙が印象的だが、堀江は一九六四年生まれだから、「懐かしい」というより、旧時代の再発見というところか。

もう一冊が、新潮社から出た「世界の絵本シリーズ」の一冊、エクトール・マロ『家なき子』（一九四九年）。「翻案、もしくはリライトが林芙美子、挿画は須田寿《ひさし》という豪華な組み合わせだ」と書いている。写真で見るかぎり、状態はよさそうだが価格は二千百円とちょっと高め。子どもの本だから安そう、と思うのは逆で、先述の通り、成長すれば処分され、あるいは傷みの激しい児童書、絵本は残りにくいがゆえに高価なのだ。ちなみに、堀江ならわかっているだろうが、児童書で有名作家が翻案やリライトをしている場合、本人自らによるものではなく、代作者が存在する場合が多い。『家なき子』が出た一九四九年から五一年には、芙美子は中長篇の連載を九本抱える売れっ子作家で、名前だけを貸したとも考えられる。

ところで、堀江が自分の関わりのある出版社(どちらも堀江の著作を出している版元)から出た本を買っているのがおもしろい。これには理由があって、児童向けと言いながら、老舗の文芸出版社が出す本には、やはり社風というか、装幀や本文の組などに大人が買ってもおかしくない落ちつきが感じられるからだ。

近代文学の埋蔵力

これは、神田神保町古書街の頂点と言ってもいい存在の一**誠堂書店**に取材したときの話。和本や洋書を扱う二階で、店主の酒井健彦さんに話をうかがっていたら、修学旅行で来たような制服姿の中学生か高校生の女子が、目の前の絵入りの和本を見て(おそらく値段はウン十万)、「あのう、これ見せてもらっていいですか」と酒井さんに言った。私は一瞬、ものを知らないというのは恐ろしい、そんな貴重なものを無造作に、と思って凍り付いたが、酒井さんはこともなげに「ああ、いいですよ。どうぞ、手にとって見てください」と言った。

もちろん、貴重なものに手を触れるという心構えは絶対必要だ。くれぐれも乱暴な扱いは禁物。しかし、案ずるよりはるかにたやすく、貴重な本に手を触れることを、神保町の古書店主たちは許すのだ。じっさい、手に取って紙をめくってみる。紙を手で触れて、その重さ、軽さを感じる。それが「勉強」だと、古書店主たちは、修業時代から身に沁みて知っているからだろう。あるテレビ番組で、松任谷由実が「最近、私がハマっている場所があるんです」と、この「一誠堂書店」の二階を紹介していた。

私は、かつて「中野書店」が古書センターにあった時、雑誌の取材で初めてこの店を訪れ、故・中野智之さんに話を聞いている。ちょうど、講談社文芸文庫から井伏鱒二『仕事部屋』が出た頃で、だから一九九六年のことか。井伏の昭和初期作品を集めた『仕事部屋』は、一九三一（昭和六）年に春陽堂から出されたが、講談社文芸文庫の口絵にカラーで掲載された元本は、硲《はざま》伊之助が明るい色で描いた女性の絵を大胆にあしらった函入りの変型本で、その美しさに驚嘆したものだった。「中野書店」さんを訪れたとき、ちょうどその元本が、あっさりと目の前にあったので「あ、『仕事部屋』！」と声に出した。中野さんは、「これ、いい本ですよね。もう一冊、もうちょっと状態のいいのが」と、複本を出してきたときは、もっと驚いた。所望すれば、そのほかになんでも出てきそうな気配であった。これぞ、「神保町」の実力だ。

ちなみに『東京人』企画で、堀江が中野書店において買ったのは次の三冊。安岡章太郎『サルが木から下りるとき』(朝日新聞社、一九七一年)、マルジュリ『ヴィナスを追うもの』(新潮社、一九五七年)、ジャン・アヌイ『泥棒たちの舞踏会』(白水社、一九五五年)。『ヴィナスを追うもの』の装幀は香月《かづき》泰男。「恋愛小説と銘打たれた書物がシベリア帰りの画家の絵で飾られているこの奇妙な居心地の悪さを大事にしておこう」とするコメントは、いかにも堀江タッチ。古本を買うにも個性が出ることがおわかりだろう。

私がおすすめの個性店

同じ『東京人』で、「厳選！　おすすめ古書店ガイド」というページがある。「3度の飯より古本好きという同人誌『sumus』のメンバー7人が、選りすぐりの32軒を紹介」とある。じつは、私も『sumus』のメンバーで、この企画に参加、八店を紹介している。以下、自分のところだけ少し手を入れて再録しておく。

三茶書房

「JR御茶ノ水駅から明大通りを下り駿河台下へ。古本の町、神保町の玄関口にあるのがこの店。創業店は三軒茶屋にあった（現在、休業中）から三茶書房。良質の文芸書だけを揃える、桐の簞笥みたいにカチッとした店だ」

山猫屋

「パチンコ店『人生劇場』の脇を入る裏路地に、ひっそりと珠玉の輝きを放つのが山猫屋。路に面した大きなウインドウは、なにやらパリ気分。個人の蔵書家の書斎を訪れたような空間を現出。かつてかいだことのない古本の香りが店内に広がる」

文省堂《ぶんしょうどう》書店

「店内はエッチとマンガ。すごいのは外。壁一面に均一棚が。略して『ブカキン』（注／文省堂壁均一の略）かつては4冊100円。いまや1冊100円。それでもけっこう拾えます。今日もまた、路地を吹き抜ける風に吹かれて、男たちが鋭い眼力で均一棚に挑む」

松村書店

「かの植草甚一が足しげく通った店として知られる。洋書専門店ながら、画集、写真集などビジュアル本が充実しているので、横文字に弱い人でも楽しめます。店頭均一の外国絵本やアメリカンコミックスはお買い得」

明倫館書店

「自然科学関係の専門店。1階から、地下へ下りていく感じがよろしい。自然科学といっても、地下には建築や電気、金属、無線など、あまたのジャンルが集結する。文系の人でも意外な発見のある店だ。店番のワンコも可愛いぞ」

豊田書房

「落語や笑演芸好きにとって見逃せないのはここ、豊田書房だ。志ん生、文楽（注／八代目）がここでは現役。背文字を追うだけで心うきうき。日本舞踊の本なんて置いているのは、ほかにあんまりないんじゃないかなあ。客として訪れた売れっ子落語家、梨園の方々の姿も拝める」

@ワンダー

「アッと驚く、ワンダーランド。略して@ワンダー……。私は勝手にそう解釈している。SF、ミステリなどマニア心をくすぐる品揃えが命。店内奥の、展示場かと見まがう、映画ポスターの垂涎ものの陳列に引きつけられる」

西秋《にしあき》書店

「嵐山光三郎さん御用達。国語、国文学ならここにおまかせあれ。日本文学の近現代で卒論を書こうという人なら、とにかくここへ足を運べばなんとかなる。間違いない。若き2代目西秋学くんが新風を吹き込んでおります」

この八店のうち、「山猫屋」は港区高輪へ移転し、事務所のみの営業。「文省堂書店」は二〇一五年四月に閉店。「豊田書房」「松村書店」も店を閉じられた。ただし、「神保町」の扱う領域の広さと店の雰囲気はここから伝わると思い、あえて再録した。オールドファンにとっては懐かしいだろう。

現在の目からおすすめ店

私がいつも歩くコースから、入りやすい店、個性的な店を靖国通り沿いのメインストリート以外から紹介してみたい。

御茶ノ水駅聖橋《ひじりばし》口から、御茶の水仲通りを下って、太田姫稲荷神社へ。この稲荷神社は駿河台下からすぐの「五十稲荷神社」とともに、私が勝手に神保町を守る本尊として崇める「古本神社」として、ときどき手を合わせる。太田姫稲荷神社を右折すると、駿河台下へ斜めに傾斜する路地を左折してすぐ、**かげろう文庫**がある。元はアウトドアショップとあって、ウッディな店舗で大きなガラス窓からなかがよく見える。ここは、和洋にこだわらない美術、デザイン、版画、絵本などを集める。店主は若く意欲的なので、わからないことはどんどん質問するといい。おもての均一も豊富で楽しい。

　白水社を左手に郵便局の角を右に曲がると、すぐ**東京古書会館**が見える。即売展のある日はここを通り過ぎるわけにはいかない。東京古書会館の先が明大通り。本当はいけないんだが、車の途切れるのを待って対岸へ走る。すぐ左手に文庫専門の**文庫川村**。探している文庫や新書があるなら、いちおうチェックだ。そのまま駿河台下へ下らず、ちょいと戻り、左折して富士見坂を下ると、すぐ右角に**虔十《けんじゅう》書林**。名前から想像がつく通り、宮澤賢治の童話「虔十公園林」に由来する。ただし、メインは古い映画パンフレットやサブカルチャーもの。映画パンフを本格的に集めているので、探しているものがあれば尋ねてみるといい。表の均一台の量も豊富だ。

　虔十書林の対面に細長いレトロなビル（振天堂ビル）があり、その四階が「カフェ・ヒナタ屋」。本格的なインドカレーが味わえると常連も多い店だが、この一画で古本が売られている。目利きの古本好きが選書販売しているとあって、料理が出来上がるまでの時間、ここでしばし、古本を漁るといい。また、三方がガラス窓で、外の眺めもいい。滞留すると長生きできそうな店である。蛇腹式手動のドアによる、古式なエレベーターも体験したい。ちょっと、パリの古いアパートみたい。

「虔十書林」の路地を抜けてヴィレッジヴァンガードがある裏筋に、個性的な店が集まっている。ビル二階にあるのが**喇嘛舎**《らましゃ》。かつて三軒茶屋にあり、当時、一般の古書店が見向きもしなかったサブカルものを扱い、価値をつけた草分け。映画、演劇、音楽、マンガなど、六〇年代末から七〇年代の熱気が、並べた本や雑誌から発散している。編集者など、ここに一時間もいれば、次々と出版のアイデアが浮かぶはず。

　女性なら、女性店主の店だけをまず回ってみる、というのも一つの手だ。すずらん通りにある**キントト文庫**は、しかし女性向けとは言いがたい。店内に入って、棚を見渡したところ、いわゆる「黒っぽい本（昭和初期以前に出た本）」が目につく。性風俗やエロに強いのも、女性店主の店では珍しい。演芸や芸能も充実、とはいえ、ジャンルを横断する独特のテイストがあり、それにハマる人はめちゃくちゃハマるだろう。「キントト文庫」の二階にある、映画書に強い**石田書房**も店主は女性。石田さんは、かつて映画の仕事をしていたとあって、集め方にも並べ方にも主張がある。主張している本棚、と言えよう。

駿河台下交差点角の倉田ビル四階に入る**呂古書房**《ろこ》は豆本、限定版挿画本、蔵書票、美術、それにこけしなどを並べている。いかにも女性店主らしい、美しいたたずまいの店。本の「宝石」とも言うべき豆本の世界は広く深い。また、おすすめが「蔵書票」。個人の蔵書家が版画家に依頼して、小さな版画を制作して本に貼る。それが仲間の間で交換されたり、独立して流通するわけだ。値段は手頃なものだとお小遣い程度で買える。向かいの「文房堂」で小さな額を買って蔵書票を入れれば、小さいながら立派な美術コレクションとなる。

古書たなごころは、水道橋駅に近い三崎町の三栄ビル四階にあり、週末のみの営業となる。店主は長らく「@ワンダー」で働いていた女性。同店のミステリ部門を作ったと言われているが、その得意分野だけを独立させて作ったのが「たなごころ」。

女性店主の店はなんといっても女性が入りやすい。本の展示や並べ方にも、さりげない気づかいと女性らしいセンスが見られ、空気が柔らかいのだ。

がんがん買える均一パラダイス

こうして長々と、古書の帝国・神保町について語ってきたが、じつは以上の知見の多くは、神保町ライターとして各種雑誌などで取材した経験による。週一の神保町散歩は、所要時間約一時間から二時間。各店の棚をじっくり眺めている時間的余裕はない。東京古書会館の即売展へ行けば、一時間はまたたくまにすぎるから、均一台だけを触って、駆け足で通り過ぎる町となる。偉そうに「神保町」を語るな、と老舗古書店のおやじさんに一喝されそうだ。

その駆け足の途上で引っかかるのが、**小宮山書店**と**田村書店**が軒を並べる一帯。ここが均一のパラダイスなのだ。

黄色い札の貼られた全集類をうず高く積みあげた「田村書店」。店内に一歩足を踏み入れると、厳選に厳選をされた文芸書のいちばんいいところが本棚に詰まっていて息苦しいほどだが、店頭の均一台も名物で、いつも紳士やそうでない男たちがわさわさと群がっている。まさに古本の金魚すくい。入口をまん中に、右がだいたい千円以下。左の段ボール箱三つが百円均一だ。ここに、掘り出しものがあるのだ。

ジャンルは専門の文芸書が中心。しかし、とにかく店内は霜降りのロースのみだから、残ったバラやスジ肉、あるいはロースでもちょっと傷や難ありは、どしどし表の均一台に放出される。いま、右が「千円以下」と書いたが、五百円以下の価格帯でもかなりいい本が拾える。百円以下は玉石混淆というところだが、その「石」の部分もクズはない。

詩集に強い田村書店らしく、普通なら手が出ない現代詩の名品も、あっさり昼飯値段程度で手に入ったりする。天沢《あまざわ》退二郎詩集『血と野菜』（思潮社）を七百円で買ったのもお買い得。国文社の四角で薄く好ましい作りの詩集シリーズ、ピポー叢書『詩集　欧洲風光』（福田陸太郎）が百円だった。大正五年の『探偵秘録　眼《まなこ》』（小泉搶之助）という、おどろおどろしい妙な本も七百円で買った。よそでは半額以上がついている講談社文芸文庫が二百円、三百円で買えるのもうれしい。

百円で買ったものを書くときりがないが、長田《おさだ》弘の『詩人の積木箱』『見よ、旅人よ』『箱舟時代』の三冊を、がしっとつかみ取った感触はいまでも手にある。

また、ときどき、廃棄処分する見切りの本が、無料で舗道脇に放り出される。このときは、大きなビニール袋に手当たり次第にがさがさと回収する常連さんがいるほどだ。この無料箱から、およそ二十数年前に、教壇に立っていたとき使っていた筑摩書房の「現代文」の教科書を見つけたときは飛びついた。この手の二十年前、三十年前の教科書って、意外に見つからない。

ブカキンとコミガレ

いまは、少し離れた場所に移動したのち、店売りを止めた「文省堂書店」の壁一面の均一棚も楽しかった。なにしろ四冊百円という価格破壊で、正直、二冊百円ぐらいなら、もっと買いやすいと思ったものだ（一冊でも二冊でも百円でいいのだが、四冊ォーケーなら四冊買いたい）。のちに一冊百円となってからリブロポートの「うたの絵本」シリーズの村山知義の『たのしいリズム』、和田誠『わたくし大画報』講談社、島村利正『青い沼』新潮社などを買っている。移転した店舗でも店内の壁一面に百円均一を展開、外の文庫は二冊百円という安さだったが、無くなってしまったのが淋しい。

この均一パラダイスで衝撃的だったのが、「小宮山書店」がガレージで週末に始めた均一セール。単行本が三冊五百円（一部、除外品あり）、文庫・新書百円セールだ。もともと小宮山書店は、神保町界隈でいち早く店舗をビル化し、一階は初版本中心に文芸書を置いていた。おそらく、三代目が店を継いだあたりから、舵をいまに見据えて大きく方向転換。四階をギャラリーふうに改装、三島由紀夫の初版本を始めとする良書のギャラリーのような部屋とした。一階もビジュアル本中心に変えて、足の遅い文芸書はどんどん週末のガレージセールに放出される。

このガレージセールでは、漁と同じく当たり外れはあるが、たいてい三冊は小脇に挟むことができる。ジョン・クレランド、吉田健一訳『道楽者の手記』河出書房、永井龍男『ネクタイの幅』講談社、吉行淳之介『恐怖対談』新潮社、尾崎一雄『まぼろしの記』講談社、アンリ・ボスコ『ズボンのロバスケ』学習研究社、清水俊彦編著『ジャズ』青土社、小野十三郎《とおざぶろう》詩集『最期の木』思潮社、小林信彦『世界の喜劇人』新潮文庫、野呂邦暢『落城記』文藝春秋、朝吹登水子『パリの男たち』講談社、粟津則雄『少年ランボオ』思潮社、稲垣足穂『タルホ＝コスモロジー』文藝春秋などが、ここで買った本。

古い文芸書が、一部を除き、いまったくと言っていいほど売れなくなっているため、こうした文芸を扱っていた古書店の均一台が、非常に充実している。私は、この均一パラダイスの一角で買った本だけで、そこそこの本棚を作ってみせる自信がある。よそで、八百円から千五百円つけていて、なかなか捌《さば》けないようなラインの、しかし間違いなくいい本が、三冊五百円で買える。なかなか、あと一冊が見つからず立ち往生することもあるが、それもまた楽しい。

私は、ずっとつけている古本購入帳に、買った店を書くとき、「田村書店の店頭均一」とか「小宮山書店のガレージセール」と書くのが面倒なので、それぞれ「タテキン」「コミガレ」と表記し、ブログでもそれを流用している。「ブカキン」は「文省堂壁均一」の略。そうすると、この表記がいつのまにか、ほかの読書ブログでも使われるようになった。知らない人は、なんのことだか、さっぱりわからないだろう。

喫茶店で包みを開けば二度おいしい

古本（読書と言ってもいい）とコーヒーの相性のよさは、くどくど言う必要がない。古書店が数軒ある町に、たいてい雰囲気のいい昔ながらの純喫茶が生き残っていることでもわかる。

盛岡、仙台、松本、東京、京都と古本屋が充実した街を思い浮かべると、そこに必ず、おいしいコーヒーを飲ませる喫茶店の記憶が一緒にくっついてくる。盛岡へ家族旅行で出かけ、私は古本屋巡り、家内と娘は別行動で町歩きをしているとき、私の携帯の電池残量がなくなり連絡が途切れた。家族と完全にはぐれてしまった。どこかいい喫茶店でとりあえずひと休みと、「くらむぼん」という雰囲気のいい喫茶店へ入ったら、そこに家内と娘が偶然いて出会えたことがあった。

古本を買う。何冊も買う。その包みを抱えて、なじみの喫茶店へ入る。コーヒーを注文して、出てくる間、買ったばかりの古本の包みを開く。さっき買ったのに、包装紙やビニール袋で封印されたために、一度、買った記憶とともに古本は冷凍される。包みを開けて空気に触れたことで、買ったときの気分が解凍され、甦る。そんな気がする。二度、おいしいのだ。

そして、いよいよコーヒー。香り高い苦みを口にふくみながら、ゆっくりページを開くとき、これぞ至福という時間が流れる。古本とコーヒーの楽しみはペアになっている。

「一時半ころ神保町の古本屋が歩きたくなり、渋谷に出てからバスを利用する。最初の三軒で洋書を二十冊買った。ユベロンが効いたのか、重い本をぶらさげて、だいぶ歩いたけれど、いつものように疲れていない。コーヒー店に入って、買った本をパラパラやるのは、ぼくにとって最高の楽しみだ」

植草甚一がコラムにそう書いている（植草の行きつけの喫茶店は「茶房きゃんどる」）。そう、じっくり読むというより、パラパラとめくって確かめるという感じは私もそうだ。買ったときは、わりに反射神経での勝負で、そんなに本をじっくり見ていない。あとで、コーヒーを飲みながら、今度は少しゆっくりページを開き、目次や奥付、装丁者などをチェックしながら、気になるところを流し読みする。いわば儀式みたいなもので、これを怠ると、家に持ち帰ってそこいらに積んだとき、完全な「つん読」となって、買ったことさえ忘れてしまうのだ。

おすすめの喫茶店

「神保町」が自慢していいのは、いまだに「純」のつく喫茶店があちこちに現存していること。

まずは、靖国通り沿いの新刊書店「書泉グランデ」の裏路地に、向かい合って並ぶ

「ラドリオ」と「ミロンガ・ヌオーバ」。戦後まもなくの開業で、昭和の時間が止まったままのような一角である。後者はアルゼンチンタンゴが店内でいつもかかっている。古くからの神保町常連客や、おじさま文化に憧れる若い女性の姿も。

この昭和の路地を抜け出ると、目の前に**小宮山書店**。その地下にあるのが「神田伯《ぶ》刺《ら》西《じ》爾《る》」。階段を降りて右側の小部屋が禁煙、左側奥の広いスペースが喫煙可。いろりを切ったコの字型の席や、天井の太い梁《はり》、壁の古時計など、山小屋風の造りが、古本を愛《め》でる空間としてベスト。私はここをホームグラウンドとし、都内で取材を受けるときは、いつもここを指定する。なんたって「神田ブレンド」がおいしい。豆の販売もしている。店長の竹内くん始め、店員の接客もていねいで気分がいい。

小宮山書店の裏手路地を入ったところに「ギャラリー珈琲店古瀬戸」。こちらも広い店内がいつもにぎわっている。駿河台下を少し明治大学方面へ上がったところ、二階にある「古瀬戸珈琲店」は正面壁一面に、さまざまな種類のコーヒーカップが並んでいる。カウンターなら、これでと指定すれば、そのカップでコーヒーが飲める。この店をひいきにした池波正太郎愛用のカップもあると聞いた。

最近、ちょっとごぶさただが、出版社冨山房《ふざんぼう》直営の「Folio（フォリオ）」は、すずらん通りの地下の店。ここは銅のマグカップで運ばれるアイスコーヒーがおいしい。編集者や作家が打ち合わせや取材でよく使う店なので、出版社の噂、作家の悪口は厳禁。夜はバーになる。

それから、やっぱり「さぼうる」。「神保町」が雑誌やテレビで取材されるとき、必ず登場する喫茶店。「神保町」のシンボルの一つ。ここも山小屋風で、煉瓦壁は歴代の客による落書きがいっぱい。ランチ時は落ちつかないが、少し時間をはずせば、ここも長居できる店。量が多いナポリタンも名物であります。「さぼうる」の少し東、角に「BIG BOY」というジャズ喫茶ができた（夜はバー）。客席数は多くないが、カウンターに座れば、すぐ目の前、どでかいJBLのスピーカーからジャズが最高の音で流れる。往年のジャズ喫茶ファンを惹き付ける大音量で、コーヒー六百五十円は高くない。神保町交差点から水道橋駅方面へ、一本裏路地にあるジャズ喫茶が「喫茶《きっさ》去《こ》」。こちらも雰囲気がいい。ただ、昼間は音量を絞っているので、音を満喫したいなら夜がいい。ジャズ喫茶の名店「響」が消えて、淋しい思いをしていたら、いつのまにかジャズ度が高まっていた「神保町」であった。

神保町交差点近くにかつてあった老舗洋菓子店「柏水堂《はくすいどう》」も有名な店。向かいの一《いっ》誠堂《せいどう》書店でよく本を買っていた松本清張が、帰り必ずここへ寄って洋菓子をお土産にしたという。奥に喫茶部があり、ケーキつきで紅茶を……なんて向きの方にはおすすめでした。

これでも、神保町かいわい喫茶店事情のほんの一部。古本屋巡りに疲れたら、とにかく近くの喫茶店へ腰を落ちつかせること。少し休んだら、また次の古本屋巡りへの活力が湧いてくる。これもまた、「古本道」の極意なり。

コラム 達人に学べ！ ❹

鹿島 茂

買うか買わぬか、それが問題だ

鹿島さんにはすでに『子供より古書が大事と思いたい』（文春文庫）という、太宰のコトバをもじった名著があるが、古書との格闘の日々をつづった『それでも古書を買いました』（白水社）もばつぐんにおもしろい。すでに付箋を貼った個所だけ引用するために読み始めたら、止まらなくなった。

鹿島さんの古書の蒐集対象はフランス。それも第二帝政にさかのぼる、長いスパンの間眠る稀覯書や豪華本、資料の類である。しかも、その買いっぷりがすごい。

一九九〇年の暮れに開かれた十八世紀、十九世紀本のパリのオークションに目当ての本が出た。肉筆水彩画つきのファッション・アルバムは世界にたった一つの逸品で、落札推定価格は十五万フランから二十万フラン。当時の日本円換算で三七五万円から五〇〇〇万円。私なら、ただ溜息をついてあきらめる。しかし、鹿島さんは「家と土地を担保にして銀行から借金すれば入札は不可能ではない」と結論づけてしまう。あくまで身銭を切って買う、その太っ腹と執念がすごい。そこでこう書く。「本はそのとき逃したら二度と出てこないが、金ならどうにかなる！」。

いや、それはそうなのだが……。

この欲しいものはどうしても手に入れるという気迫が、本書の全編に満ちている。パリ滞在中の古書巡り。午後五時開店と同時に某店に立ち寄ったら「珍品中の珍品と遭遇した」。私など何がすごいのか、じつはよくわからないのだが、これがドレーフュス事件にまつわる風刺ポスター四十七枚の合本。ドレーフュス派に与《くみ》した人物たちを「醜悪な動物に模してグロテスクに描いた激烈なポスター」なのだという。題して『おぞましさの美術館』。

状態はよくないが世紀の珍品と踏んだ鹿島さんは、これを六五〇〇フランで購う。先の一九九〇年オークションの際の換算で言えば、十六万円くらいか。

ところが、一緒にいた奥様が、「こんなにグロテスクで気持ちの悪いものは買わないでくれと懇願した」。それでもくじけず、銀行からお金を下ろして、梱包済みの『おぞましさの美術館』は鹿島さんの手に。

ここからがいい。店を出たら、勢い込んで駆けつけて来た客がいる。以下、会話。

「『それ、買っちゃったのか？』」

『ウイ、ムッシュー。残念ながら《タン・ピ・プール・ヴー》』」

ひゃあ、かっこいい！　そしてこう結ぶ。

「この一言を発するときの優越感。言われたときの絶望感。

選択肢は常に二つ。買うか買わぬか、それが問題だ」

こうして見ると、洋書はバカ高く、とんだ散財をしているように見えるが、鹿島さんの見るところ逆で、「日本の古書は高すぎる」という。そうだろうか？　と思うが、ここに一例を示す。一九九七年に京都の老舗古書店のカタログに掲載された芥川龍之介『羅生門』の函入り初版本が六十三万円。「別に限定版や私家版ではなくただの初版」じゃないか、と鹿島さんは考える。同時代に出たポール・ヴァレリーの『若きパルク』は初版六〇〇部の限定版だが、背角モロッコ革天金の美本で日本円にして六万八二〇〇円。この開きは何なんだ、と訝るのだ。

結論としては、「日本の古書をべらぼうな値段につりあげているのは、大学や研究所の図書館といった機関投資家」の存在なのだという。個人ではとても対抗できない。それでも、個人で身銭を切り続ける鹿島茂はえらいなあ。

第5章
古書旅のすすめ

イラスト／著者

旅先でも古本

私は旅するとき、いつも数冊の本をカバンに忍ばせる。車中で、あるいは旅先で本を読むと、本とその土地の思い出が分かちがたく結びつき、いつまでも記憶に残る。また、旅先でどんな本と出会えるか、これも楽しみの一つ。旅するように本を読み、本を読むように旅をするのだ。

そうなると、旅先で出会う本、というのが楽しみになる。新刊書店なら、おおむねどこの都市へ行っても、同じような大型書店が駅前にあり、同じような本が並んでいる。ところが、これが古本屋となると、やっぱり、一軒一軒まるで違う。店構えも、本棚に並ぶ本も、それに一国一城の主という顔をした店主も、それぞれ個性的だ。

地方で仕事があるときは、必ず事前にその町の古本屋の所在を確認し、それから出かけるようにしている。これまで、ライター生活二十数年の間に、北は北海道・札幌から、南は九州・熊本まで、さまざまな町のさまざまな古本屋を訪問してきた。

一九九八年一月号から、『彷書月刊《ほうしょ》』という愛書家を読者とする雑誌で、「均一小僧の気まぐれ古書店紀行」という連載が始まる。旅費も取材費も出なかったが、原稿を書くために古本屋巡りに拍車がかかった。連載から八年分が『気まぐれ古書店紀行』（工作舎）という本にまとまる。以後も連載は続いたが、二〇一〇年十月号（通巻三百号）をもって雑誌自体の休刊で連載はいったん閉じた。

その後、一九三四年一月創刊という老舗雑誌『日本古書通信』から、続いてうちでどうぞ、と声がかかり、タイトルを「昨日も今日も古本さんぽ」と変えて、同様の連載がいまも続いている（二〇一七年一月号掲載分が第七五回）。そのほか、単発で雑誌や新聞から、古本屋探訪の依頼を受けることもあり、年がら年中、地方を含めた古本屋巡りの記事を書いているかっこうだ。もちろん仕事なのだが、これがどうにも楽しくて止められない。

言っておくが、地方の古本屋と東京の古本屋では値段の格差があり、地方のほうが値付けが安く、ときに驚くような掘り出しものがある、と言われたのは、もう二十年以上も前のこと。ネットが普及し、「日本の古本屋」を代表とする古書の検索サイトが普及してからは、値段の格差はなくなった。いや、本の流通量が圧倒的に多い東京が、需要と供給のバランスから考えても、もっとも安いと言えるまでになった。

東京以上に、店へ来る客が少なくなった地方の店では、ネット販売に全面移行して店売りを閉じるか、ネット販売と並行する業態が増えて、そうなると、価格も平準化されてしまう。かつては、地方の古本屋をぐるりと回って、値付けの甘い本を仕入れて東京の専門店で高く売り抜く「セドリ師」という商売が成り立ったが、いまでは難しいだろうと思う。これがブックオフなどで、新たなかたちのセドリ師を生むことになる現象は第6章で触れる。

それでもなお、地方の町で古本屋の軒《のき》をぐるのは楽しいのだ。繰り返すが、たいていの本は、ああこれは東京で買うほうが安いなと思う。そうわかっていて、買う。なぜか。

「旅情」がなせる業である。

日本全国古本の旅

私は高校教師を辞《や》めて、一九九〇年春に上京。小さな出版社にもぐりこみ編集者生活を一年半送る。このときは毎日が忙しく、金銭的な余裕もなかったため、なかなか古本旅には出られなかった。一九九一年末に出版社を辞め、翌年からフリー生活が始まる。雑誌のライターとして、ときどきは地方取材に出かけた。静岡、新潟、軽井沢、千葉など、関西在住のときは、とんでもなく遠く感じた東海や関東、東北が近くなった。日帰り取材がほとんどだったが、それでも取材が終わると、カメラマンとは現地解散して、一人でつかのま、古本屋巡りを楽しんだ。

新潟市へ雑誌の日帰り取材をしたのは一九九五年。なぜ、その年がはっきりしているかというと、「西川和孝」をネットで検索すれば、彼が新潟市議会議員に当選した年として記録されているからだ。「西川和孝」と言うより、映画「子連れ狼」の大五郎役、と言ったほうが通りがいい。議員になった大五郎に取材したのは「あの人は今」というような企画ではなかったか。

取材は駅近くの喫茶店で写真撮影含め一時間ほど。夕方の新幹線の時間まで、カメラマンと別れて単独行動した。目ざすは信濃川を越えた一帯にある古本屋。万代《ばんだい》橋を渡って古町《ふるまち》通り八番町にある「文信堂書店」。八千代橋から新潟大学へ向う道の周辺に、「学生書房」「文求堂」「佐久間書店」など、大学の城下町としての古本屋が機能していた。いずれも郷土史から学術書、文学、歴史などをきっちり揃えて、店構えも個性的だった。

二〇一〇年に新潟を再訪したとき、店売りをしていたのは「学生書房」さんだけ。

本を一冊買って、店番の御婦人と、「寂しいですねえ」「がんばってくださ い」と話していたら、翌年には店売りをやめられたと聞いた(ネット販売は継続中)。新潟駅周辺の「古本屋」で検索して引っかかるのは「ブックオフ」だけになってしまった。ちょっと、というよりかなり淋しい。

かつては大学のある町、しかも旧制からのナンバースクールのある都市には、必ず良書を揃える古本屋が複数あり、安泰と思われた。ところが、教養主義の崩壊による大学生の本離れに加え、大学に勤める教員や研究者たちも、もっぱら古本を含む書籍や雑誌の購入は便利なネットに頼り、授業を終えてから、ぶらぶらと古本屋巡りをする習慣がなくなってきたのである。「便利」が古本屋をつぶすとは、地方の古本屋巡りを始めた二十年前には想像もつかなかった。

むしろ、現在では同じ新潟県でも長岡駅周辺に、「成匠堂書店」「有楽堂」「雑本堂古書店」など、昔ながらの古本屋が残り、回り甲斐がある。

店をつぶしたのは客

「つぶす」という言い方には語弊があるか。書籍としては最新の古書店ガイドである

『古本屋名簿』（日本古書通信社）を見ると、これは古書籍組合に加入した店のみの掲載なのだが、東京以外の都市では、店名の記載はあっても、およそ三分の一から半分近くが「事務所のみ」「店舗なし」など、ネット販売専門か目録専門になっている。

たとえば、福島県いわき市。同書には「岡田書店」「平読書クラブ」「古書じゃんがら堂」「古書文楽」「野木書店」「書林堂」と六店の記載があるが、うち「岡田書店」と「古書じゃんがら堂」の二店が「無店舗」。「平読書クラブ」は「創業五三年」の老舗で、店売りをやっていたら覗いてみたくなるが、「ネットと目録中心」と断り書きがあり、営業時間や休日などの記載はない。

二〇一七年一月現在、「日本の古本屋」で検索してみたら、さらに衰退が進み、「いわき市」に現存するのは「阿武隈書店」「野木書店」「岡田書店」「平読書クラブ」の四軒になっていた。各店とも、店売りをしているかどうか、同サイトからだけではわからない。

こういう店は、事前に電話して、行く旨を伝えれば、店内を見せてもらえることもあるが、ふらっと立ち寄るというわけにはいかないだろう。

あるいは、店を開けていても開店休業状態で、店内はネット販売用の倉庫と化している例も多い。店売りがこれほど難しい時代は、古本販売業の歴史の上で、かつてなかったと思えるほどだ。

出久根《でくね》達郎の、古本屋を舞台にした小説集『猫の縁談』(中央公論社、のち中公文庫)を読むと、カタログを使った通信販売にきりかえた古本屋の話が出てくる。「腹中石」という一編だが、その冒頭にこうある。

「親しい人に裏ぎられて、金ですむことでなかったからなおさら応《こた》えた。人嫌いになった。客商売をたつきとする者にとって、これは致命的な事態だが、古本屋ののんきなところは、それならそれでの逃げ道があることだった」

本をまたぐと叱られた。カバーのない文庫でも、包装紙を使って自分でカバーをつけた。欲しい本を、一食抜いて買った。そんな「本」に対する特別な思い、もっと強く言えば「神聖化」が、この二十年ぐらいで、おびただしく失われていった。

客が本の扱いを知らない。乱暴に扱う。本の上に平気でカバンを置く。万引きも多い。ものを食べながら立ち読みする。叱ると、叱られたことに驚き「買えばいいんでしょう」と居直る。そんなことが続けば、店主もイヤになってくるだろう。

店売りをする古本屋が急速に減っていったのは、昔気質のまま営業努力を怠ってきたこともあるが、じつは客側のせいでもあるのだ。

気まぐれ古書店紀行

「均一小僧の気まぐれ古書店紀行」の連載で、東京、そして実家のある京都以外で、初めて首都圏外へ出かけたのが「甲府」。ときは一九九八年、五月の連休明けに、家族で車に乗って奥蓼科《おくたてしな》、小淵沢《こぶちざわ》と二泊三日の旅に出た。うちは妻と娘の三人家族。娘はまだ三つぐらいだったと思う。

家族はまことに迷惑だと思うが、旅行先とその旅程に、古本屋がからんでいないと、うちのお父さん（私のこと）は首をたてに振らないのだった。

古本屋に妻娘を連れ回すのは忍びなく、このときは集合場所と時間を決めて、別行動をとった（なんのための家族旅行？）。全国、どの駅を降りても、南北、東西と分かれた駅前が、まったく別の様相を呈している場合が多い。甲府は南口に県庁があり、メインストリートの両側は整備され、さまざまな商店が建ち並んでいた。

北口は逆に、昔ながらの駅前のひなびた風情を残していて、旅人としてはこちらのほうが興趣をそそられる。『全国古本屋地図』を見ると、当時、甲府駅周辺に五軒の古本屋があり、北口から南口へまわりこむ古本屋巡りのコースを決める。

甲府の印象は最初に訪れた「城北書房」で決められてしまった。もっと古いガイドを見ると、向かいに「甲文堂書店」が記載されていたが、そのときはすでにない。木造二階建てで、大きなガラス戸のはまった「城北書房」は、地方へ出かけて、偶然見つけた古本屋はこうであってほしいと思うようなたたずまいであった。

同連載をまとめた『気まぐれ古書店紀行』から該当個所を引く。

「品揃えは文芸、戦史、郷土史と国文学が目立つ。オーソドックスな棚だと言えよう。帳場に座るご主人は、その昔神保町で修行をなさったとか。このクソ暑い（甲府は暑い！）のに、きちんとネクタイ姿。少し耳が遠いのか、後ろに控えた夫人が客との対応を通訳してご主人に伝える。うるわしき夫婦鏡じゃありませんか」

私はここで、昭和十八年の邦枝《くにえだ》完二『双竹亭随筆』（興亜書院）を千八百円で買っている。じつは、本来函入りのところが裸本で、状態もあまりよくなかった。東京の即売会なら五百円から八百円で買えるなと思ったが、ほかにどうしても欲しい本がなくて、お土産と割り切って買うことにした。事実、この『双竹亭随筆』は、その後も甲府と「城北書房」の思い出が染み込んで、特別な本として残してある。「城北書房」は数年のちに閉じられた。

そのあと寄った風雪堂書店さんは、いまも健在。私が立ち寄ったときは、ご主人らしき人が、バンド仲間と会話されていて、アマチュアのミュージシャンであることがわかった。店内には、エリック・クラプトンが流れていたことも印象的で、店名から頭に浮かんだ音楽は「風雪ながれ旅」（北島三郎）だったが、現実はロック。いい意味で印象を裏切る店だった。

すでに二十年前のことだが、その間に全国の古本屋地図の事情がまるで違ってきている。店構えを記録として写真に撮って残していることも含め、行っておいてよかったと思う町の一つだ。

ぜひ行ってほしい古本町

いかなる時も古本のことを考えている者というのはどうしようもないものだ。観光旅行で地方へ行っても、どこかに古本屋はないかと、つい探してしまう。なければ、もうその町に興味はなくなるのである。逆に、いい古本屋が一軒でもあると、雪の日の小犬のように心が騒ぎ、その町の印象がぐっとよくなる。古本屋のたたずまい、そこへたどりつくまでの時間、本棚に並ぶ本、店主の印象が、町の価値を決定してしまうと言ってもいい。

そこまではいかなくても、観光客が大型バスで乗り付ける景勝の地、あるいは名刹《めいさつ》に向かうメインストリートの騒々しさにうんざりして、一本路地を入ったところに「古書」の看板を見つけたときの、救われたような気持ちなら理解していただけるかと思う。ほかのどの町でも手に入る、たった一冊の文庫本でもいい。それを購《あがな》って、旅のつれづれにひもとく。そうすれば、その一冊に旅の思い出がパッケージされて、唯一無二の読書になるわけである。

本好きだが、古書通とまではいかない読者の方々にも、出張や観光旅行のついでに、三十分でいいから、ちょっと立ち寄ってほしい、おすすめの古本町をいくつか紹介する。

火星の庭が発熱させる仙台

東北では盛岡、郡山、会津若松など、忘れがたい古本町があるが、どこか一つと言われれば仙台へ行く。古本環境において、全体に沈みがちな東北地方で、ほとんど唯

一、気を吐いて元気なのが仙台。あの魯迅《ろじん》も留学生として学んだ東北大学を有する杜《もり》の都は、大学周辺を中心に、無店舗、ネット販売の店を除いても複数の古本屋ががんばっている。

仙台市内の古本屋巡りは、観光スポットを百円均一で走る「るーぷる仙台」というバスが便利。ほとんどがこれでカバーできる。すべてを紹介するわけにはいかないが、まずは東北大の門前、一番町に店が集中し、ちょっとした古書店街を形成していた。理数系に強い**昭文堂書店**、地階・一階と二倍楽しめる**熊谷書店**、といずれも至近の距離。この二軒をじっくり回るだけでも、まずは腹が膨れる。

「るーぷる仙台」使用だと、市役所前を下車し、定禅寺《じょうぜんじ》通りを少し歩くことになるが**book cafe 火星の庭**も要チェックだ。拙著『女子の古本屋』（ちくま文庫）でくわしく紹介したが、いまや全国で知られる古本カフェだ。わざわざこの一軒を目ざして他府県からも客がある。私はたいてい、駅から歩いて、まずこの店から仙台をスタートさせるのが常だ。

履歴書が真っ黒になるほど、各種経歴を持つ女性店主・前野久美子さんの個性が全開したユニークな店。よく「古本カフェ」というと、古本は半ば飾りで、「カフェ」

の雰囲気作りのために置かれている場合が多いが、「火星の庭」は「book」にも力を入れていて、普通の古本屋一軒分の在庫をいつも本棚に満たしている。

また、カフェスペースを使って、ひんぱんにライブやトーク、各種イベントを実施し、仙台のアンテナが高い人たちにとっての発信地に……。フォークの大御所、友部正人はこの店を気に入り、何度もライブを開いた。一箱古本市をメインとするイベント「BOOK! BOOK! Sendai（杜の都を本の都にする会）」の仕掛人である「火星の庭」が、仙台を「本の都」として、以後どう発展させていくか、目が離せない。

バスなら「メディアテーク前」停留所が便利なのが**書本 & cafe magellan**《マゼラン》。「火星の庭」でバイト経験を持つ男性が開いた古本カフェ。こちらも人文書、美術、映画など、しっかり本棚を作っていて、カフェ利用以外のお客も飽きさせない。表の駐車スペースに大量の均一本を、雨さえ降らなければ並べているのも見応えあり。

そして、時間があればぜひ訪れたいのは、巨大古書店**萬葉堂書店鈎取**《かぎとり》**店**。東北本線の「仙台」駅から一つ目「長町《ながまち》」駅を下車し、そこからまたバスに揺られるという不便な場所にあるが、古本血中濃度の高い者は、仙台へ行けば、たいていこの店も立ち寄っている。外見は、郊外型の駐車場をたっぷり取った大型新古書店ながら、体育館並みの広い店内の一階と地下に、ありとあらゆるジャンルの本を並べ、珍本古書好きもうならせる。とくに地下は、一階でカバンを預け、あとは店員も帳場もなく、ほったらかしの方式だが、いったん入ると、軽々と二時間、三時間と足止めをくわせる実力を持っている。値段がおおむね相場より安いのも心強い。

鎌倉の締めは江ノ電で

関東地方は、全国の古本屋の総数のうち、三分の一が集中すると言われる古本屋帝国・東京を始め、埼玉、千葉、横浜など潤沢な古本地図が描けるが、ここは旅情を重視して鎌倉を選びたい。東京西郊に住む私が、近場でちょっとした旅気分を味わいたくなったら訪れるのがこの古都だ。一日かけて遊びに行くのは、古本屋も充実しているからだ。

駅周辺に星座を結ぶように、歩ける範囲で五店舗が散らばっている。観光地とあって、小町通りなどは満員電車並みの混雑になること、日没とともに閉める店が多いことは、頭に入れておきたい。

私なら、まずは西口から江ノ電の線路に沿って少し歩いた由比が浜通り沿いにある公文堂書店《こうぶん》を訪れる。広い店内に、文学、美術、趣味本から児童書まで、本好きを全方位で受け止めてくれる。鎌倉の古本屋のなかにあって、扇の要のような存在。敷居も低く、観光客が気軽に立ち寄れる店だ。ここでじっくり、古本の眼を慣らし、とにかく何か一冊買って、これから始まる古本散歩にはずみをつけたい。

鎌倉駅まで戻り、西口の線路沿いに北上すれば小さなビルの二階に**ウサギノフクシュウ**なる、不思議な店名の古本屋が二〇一四年にできた。小さいながら、文学中心によく練られた選書で、値段も抑えめ。店内の百円均一の棚も充実している。駅のホームからも見えて、迷いようがない立地。ぜひ立ち寄りたい。さらにその先、横須賀線踏切脇に、骨董も扱う**游古洞**、その先、今小路通りには、かつて国文学と近代文学のバリバリの専門店「四季書林」があった。

人ごみを避けながら、小町通りを八幡宮目ざして進む。途中、路地を右へ曲がると**鎌倉キネマ堂**がある。「鎌倉しらすトースト」が名物というから、古本も売る映画カフェと考えるべきか。店内には戦後日本映画のポスターがずらり。映画の上映会もあるようだ。鎌倉は小津安二郎を始め、ここを舞台に名画がたくさん作られている。映画好きはぜひ。

小町通りへ戻り、なおも行くと、路地角に鎌倉では珍しく芸能・落語に強い**藝林荘**。近頃店舗を改装してきれいになった。余力があれば、若宮大路を南へ、滑川に架かる大町橋近くの雑居ビルに**ブックスモブロ**が出来た。こちらは古本とzine、雑貨のお洒落な店。

古本屋巡りを終えたら、鶴岡八幡宮境内にある「神奈川県立近代美術館」で内外の名画を見て回るのが楽しみだったが、二〇一六年一月に閉館。しかし、ル・コルビュジェに師事した坂倉準三設計によるモダニズム建築の外観は当分拝むことができそうだ。

余計なお世話だが、帰りは「鳩サブレ」を買って、江ノ電にぶらり乗車したい。往年の青春ドラマ「おれは男だ！」や「俺たちの朝」のファンなら、暮れなずむ湘南海岸で降りて、夕陽に向かって砂浜を駆けるのもいいだろう。止めはしない。

なお、女性古書店主をヒロインとする三上延『ビブリア古書堂の事件手帖』シリーズ（メディアワークス文庫）は、ベストセラーとなり、剛力彩芽主演でドラマ化もされたが、店舗は北鎌倉駅近くにあるという設定。古本町「鎌倉」を強く印象づけた。

松本大好き

甲信越なら松本だ。「青春18きっぷ」を使えば、早朝に私の住む東京西郊の町を各駅停車で発って、昼前には松本だ。改札を出て駅前に立つと、ビルとビルの間から青い山の頂きが見える。ああ、信州に来たなと思うのだ。秋だと空気もすでに肌寒い。

私は年に一度は、この町を訪れ、古本屋巡りをし、蕎麦を食べ、「まるも」でおいしいコーヒーを飲んで、その日のうちに帰ってくる。東京西郊からならば、各駅停車でも日帰りでじゅうぶんなのだ。家族で旅館「まるも」に、単独で「花月旅館」に一泊したこともある。旅館の質もまたいいのが、松本で特筆したい美点である。

松本では自転車を借りる。駅から徒歩圏内に数ヵ所、無料で自転車を貸してくれる。これを使わない手はない。また、自転車で回れる圏内に、観光スポットも古本屋もうまく収まっている。近年、いくつか営業を止めた店が出て来て、少し淋しくなった。

私が松本でいちばん楽しみにしているのが**松信堂書店**《しょうしんどう》。店内は本棚も床も、どこもかしこもびっしりと郷土史、文芸、歴史などの定番の本、そして雑本でうずまっている。ここでは気軽に店主と言葉を交わしながら、古本道のトレーニングをする。松本の古い電話帳を手に、松本の古本屋の歴史を聞いたこともある。何かしら、必ず買える店としてありがたい。

穂高など日本アルプスの玄関口らしく、山岳書を揃えた**細田書店**は店売りを止めた。同じ通りの**アガタ書房**は健在。半分が古本で、あと半分がジャズとクラシックのレコードとCDが売られている。音楽書が充実しているのはもちろんのこと、古い新書におもしろいものがあったり、引き締まった品揃えだ。ジャズ喫茶並みの再生装置が帳場の背後に控え、いつも、いい音でジャズが鳴っているから、本を選んでいるふりをして、音楽を聴き込むこともある。

町の中心部、パルコ脇にある**慶林堂書店**は、白壁の蔵造りの店舗で、知らない人はここが古本屋だとは気付かないだろう。俳句、詩歌、日本の近代文芸、山の本の充実ぶりには並々ならぬものがあり、粒が揃った本棚に溜息が出る。値段はそれ相応にちゃんとついているが、この品揃えならこうなるだろうと、説得力のある棚作りがされている。講談社文芸文庫のいいところが揃えてあるので、単行本で手が出なければ、とりあえず、そのなかから一冊選ぶといい。

女鳥羽《めとば》川を渡った縄手通りには、両側にずらり、観光客目当ての店が並ぶ中で、異色が工芸や美術の本に強い**書肆秋櫻舎《しゅうおうしゃ》**だったが、田川と一四三号線が交わる川筋に移転。二〇一五年に探訪段階で、たまたま閉まっていて、もとの店舗「タネの中村屋」の看板がかかっていた。松本へはよく行くので、今度、再び探訪するつもりだ。

松本城を目の前に、なんと松本城を縮尺二十分の一に模した建物が**青翰堂書店**《せいかんどう》。これも松本名物、ではないだろうか。私は、それまで何度も松本を訪れながら、お城に上ったことがなく、いつも、この二十分の一縮尺の古本屋を拝むことで済ませてきた。ついに、数年前、松本城に上ったが、古い梁《はり》などが剝《む》き出しになった名城の風格に感動した。「青翰堂書店」は、古い教科書から古銭、絵葉書と、旧制松本高校の名残を感じさせる店だ。東京の古本屋店主が、ここの均一台で、現代詩の詩集を大量に掘り出したらしい。

先ほど触れた「花月旅館」前に、ブックカフェ**想雲堂**ができた。入口に均一台、中へ入ると意外に広い空間に、雑誌と本が約六千冊と、並の古本屋一軒分の蔵書を並べている。民俗学、歴史など硬い分野に強いのも、この店の特徴で、しばし休息しながらの古本タイムが味わえる。

仕上げは、旅館も兼ねた喫茶「まるも」でコーヒーを飲みながら、今日買った古本の包みを開きたい。椅子やテーブルはすべて松本民芸家具を備えたこの喫茶店は、落ちつきという艶で光っている。ときに登山靴を投げ出した、ニッカボッカスタイルのオールド山男がコーヒーを前にする光景も拝めて、松本気分は満点だ。また、松本市中心部から自転車なら十五分ぐらいの距離、筑摩という町に中型の「ブックオフ」（松本筑摩店）がある。私は必ず寄る。さすがに地元とあって、長野関連の珍しい本が転がっているからだ。

長野にブックカフェが乱立？

松本ほどひんぱんに行くことはなかった長野だが、急に注目すべき動きが出てきた。以下は、「信濃毎日新聞」に掲載された、長野古本屋ルポの再録である（店主の年齢とデータは当時のまま）。

＊

長野市の中心地に、二〇一一年六月から七月の初めにかけて、一ヵ月の間に三軒も古本屋もしくはブックカフェができた。この十年で町の本屋は二八％が消え、駅前の昔ながらの古本屋も姿を消しつつある。これが日本の書店の現状である。しかるに、なぜか長野では、「本」を巡る空気が熱い。その現場をこの目で見たくて、七月某日、長野新幹線に飛び乗った。

長野駅で待っていてくれたのは、本紙「くらし」面で「旅でかけませんか」を執筆する山口美緒さん。小諸市生まれ、長野市在住の編集者・ライターで、長野のことなら隅から隅までごぞんじ。心丈夫な助っ人だ。また、山口さんは、市内の古い民家や店舗を改装して再生させるプロジェクトにも関わっている。今回、訪れる三軒とも、その古民家・店舗再生型。

最初に訪ねた「Book & Cafe　ひふみよ」は、六月十一日のオープン。善光寺仲見世通りから裏筋へはずれた静かな住宅街にぽつんとある。昔、酒屋だったという住宅つき店舗を改装し、一階を古本屋、二階の和室をカフェに仕立てあげた。

店主の今井雄大さん（三三）は、群馬県出身。学校を出て二十六歳まではおとなしくサラリーマンをやっていたが、その後、全国を放浪する。善光寺門前にたどりついたとき、「ここだ」と思い至って、夢だったブックカフェ開店に着手。

広々とした一階店舗の壁には、本の表紙が見えるかたちの本棚を据えた。飛驒高山の家具職人に依頼した特注品で、「店で一番お金がかかっているかもしれません」と今井さん。二階の和室は開け放した窓から広い空が見え、風が通り抜ける。子ども連れでも安心して長居できそうだ。

「最初、若い女性客をメインと考えていました」と言うが、近所のおばあさんがひょっこり顔を見せたりする。じっさい、足を投げ出して冷たいものを飲んでいると、田舎のおばあさんの家に遊びに来たような気になるのだった。

お次は六月八日オープンの「遊歴書房」。もとビニール工場の倉庫を改装した一室で営業していると山口さんに聞いたが、なるほどまだ入口に「ビニール」の文字が残っている。入ってすぐのスペースがカフェになっていて、こちらにも本が置いてある。「遊歴書房」は、雑然とした印象を残す元倉庫の空間に、そこだけ別世界の宇宙を作り上げた。入って正面の大きな地球儀。そこから放射されたように、壁ぐるりを取り囲む本棚には、人文系の良書が隙間なく並ぶ。

聞くと店主の宮島悠太さん（三四）は、もと大手書店の人文書担当だった。若いときから世界中を旅して、本と旅が密接な関係にあることを知った。古本屋という方法で、その関係性を手で触れるかたちにした。それが「遊歴書房」。

「新刊書店時代に、やりたくてできなかったことをこの店でやりたい。人文書の森みたいなものを作って、ここにいながら、本を通して世界を旅できるような空間にしたたい」

同じテーマなら、単行本も新書も文庫も一緒に並べる棚作りに、その気持ちが表れている。

最後は、少し長野駅の方へ戻り、信濃毎日新聞社からもほど近い「チャンネルブックス」へ。こちらは七月二日プレオープンとできたてほやほや。もとカメラ店だったとは想像がつかない斬新な空間は吹き抜け。一階が内外の雑誌やアートブックの販売と、ギャラリーを兼ねるスペース。二階で雑誌「チャンネル」などを編集している。「チャンネルブックス」代表の青木圭さん（三二）の本職はデザイナー。「自分が高校生の頃、一冊のフリーペーパーに出会って、美術系大学への進路を決めた。なにかきっかけがないと、若者は自分のしたいことに出会えない。世界の雑誌や写真集をこの店に来て、手で触れて、何かを見つけてほしい」と語る。相棒の編集・ライターの島田浩美さんは、青木さん曰く「北信一の旅マニア」で、海外の新聞の一面に顔写真入りで載ったこともあるとか。

三店とも、いずれも三十代前半、それに旅好きという共通点がある。おもしろい。既存の本屋にはない自由な発想が、この先、長野に新しい「本」の空間を作ってくれそうだ。権堂には「団地堂」という、これまた若い店主による不思議な古本屋もできた。「本」との刺激的な出会いは長野から……そんな風を感じた一日だった。

＊

この記事を書いてから五年が過ぎ、「Book & Cafe　ひふみよ」は「ひふみよクレープ」と二〇一五年に店名を改め、クレープ屋になり長野駅前に移転した。「団地堂」は同じ権堂のアーケード商店街内に移り、もと八百屋さんだった店舗をうまく使い、壁のない往き来自由でオープンな空間の古本屋として生まれ変わった。

また、紙面構成とテーマを考え、新聞記事では触れ得なかったが、普通に古本が買える店が長野市内にある。長野電鉄「市役所前」駅近くには**山崎書店**。店主は、東京・池袋にあった「高野書店」で修業したと聞く。店名を記した幌は破れ、ちょっと目には期待できないと思わせるが、店内は、よく本のことを知った人の棚だとすぐわかる。扱うジャンルは幅広く、私は基本的に文学周辺しかわからないのだが、飽きない棚だ。また、店頭の単行本と雑誌が百円均一、文庫は二冊五十円の棚の量が半端ではなく、しかも、間違いなく何かしら拾える棚で重宝している。

信州大学前の**新井大正堂書店**は、長野の古本界を引き締める名店。アプローチの石畳、池、白い蔵など、レストランと間違えそう。ここは大学が目の前とあって専門書が充実。ここを一巡りすれば、世の中にどんな種類の古本が扱われているかが、チェックできるはず。

新井大正堂書店のある通り「四〇六」を東へしばらく歩くと、**光風舎**の看板が見える。大小の不統一な本棚が広い店内に林立し、一部、けっこうな量のレコード、CD、ビデオ、DVDの音楽・映像のソフトも売られている。一口で説明しがたい店なのだが、硬いジャンルから柔らかいジャンルまで、自由に横断した隠れた名店である。古書組合に未加入の上、「グーグル・マップ」で「古本屋」と検索をかけても引っかからないので、とくにここに強調して挙げておく。

なお、長野駅前の通りを末広町で右折すると、西友前に「ブックオフ長野駅前店」がある。本に関しては、目ぼしいものはほとんど何も拾えないが、その夜、ホテルで読む文庫やマンガを買うにはいいかもしれない。

こうして見渡してみると、長野の古本屋はなかなかバラエティに富んでいる。

北陸では金沢がおすすめ

北陸では金沢だ。昔ながらに古本文化を守る気概が市内に点在する店々に残っていてうれしくなる。北陸新幹線開通以後は、アクセスもよくなり、一挙に観光客も増えた。この北陸の古都は、兼六園周辺に多少の起伏がある以外は、わりあい道が平坦なため、レンタサイクルを使うと効率よく回れる。犀川《さいかわ》と浅野川に囲まれた市内中心部を、古本屋をたどりながらぐるりと回れば、大雑把な金沢観光も済ませられる。そこが古本屋巡りのおもしろいところ。

自転車にまたがって、まず老舗中の老舗**近八《ちかはち》書房**から。店舗は改装されたが、天井の梁などに、そのまま寛政元（一七八九）年創業という歴史の重さが感じられる。かつては床が土間だったという。橋場交差点で浅野川を渡れば、右がひがし茶屋街と呼ばれる、ちょっと格の高い飲食街。夜に歩くと、のきなみ古い町家造りの店がライトアップされ、夢のなかを歩いているよう。

ブックカフェあうん堂は、その反対側の住宅街でひっそり営業する。笑顔のきれいで気さくな女主人と、もと電鉄マンという実直そうな男主人のカップルが、東京からこの地を選んで開いた古本カフェ。コーヒーが入るまで、狭い廊下のようなスペースに並ぶ古本をじっくりと眺める。これがまたいい時間。運ばれたコーヒーには本のかたちをした小さなクッキーが添えられていて感動した。本好きの心がよくわかっている店なのだ。

元車《もとぐるま》交差点で駅に戻る途中、長土塀《ながどへ》交差点近くに**金沢文圃閣《ぶんぽかく》**。名前は厳めしく、さぞ老舗だと思ったら二〇〇三年のオープン。戦時中の史料文献などの復刻を手がけながら、店売りをする。店主はまだ四十代の、この業界では若者で、東京の古書即売会でも熱心に本を漁っている。「あらゆるものはないけれども思わぬものもそこかしこ」と、『古本屋名簿』にコメントを載せているが、まさにそんな店で、本棚を見るのが楽しい。

十年ほど前に、東京からサブカルの雄と言われた**オヨヨ書林**が金沢に移転。竪町《たてまち》に新店舗を構えたと思ったら、二〇一一年七月に、中央小学校近くにもう一店舗「せせらぎ通り店」を作った。金沢に移転してからは未踏なのだが、東京時代の店はよく知っている。「金沢文圃閣」と一緒に、金沢に新しい風を送り込みそうだ。金沢には駅前すぐにブックオフがあったが、いつのまにか撤退。ブックオフが消え、地元ゆかりの古本屋が残る。そこに金沢における、地の「古本力」を感じるのだ。

京都の三大まつり

「そうだ 京都、行こう」と、通年で外国からも国内からも観光客の絶えない京都だが、意外に古本屋が百軒以上集まる「古本町」であることは知られていない。しかも、春には「みやこめっせ」、夏には「下鴨神社」、秋には「百万遍知恩寺」で、盛大な古本まつりが開かれて、全国から、古本に触れたいマニアを集客している。この三つを、秘かに古本者は「京都三大まつり」と呼んでいる。「祇園まつり」「時代まつり」などより、古本まつりなのだ。異議なし！

神社の参道や、お寺の境内に、露店で古本が売られる様は壮観だ。京都らしく、仏教書や歴史書、和本から洋書、古い着物のデザインの見本帳など、何でも揃う。一冊百円の廉価本から数十万冊が並ぶ。東京でしばらく見なかった知人に、この「三大まつり」で会うこともしばしば。とくに「下鴨」と「知恩寺」は、古本の「まつり」として一般市民にも定着し、家族連れ、カップルなど、ふだん古本に縁のない人々が集い、そぞろ歩く光景が見られて楽しい。なお、『夜は短し歩けよ乙女』を始め、多くの京都小説を発表している森見登美彦は、京都大学在学中に、アルバイトで「下鴨古本まつり」の店番をしたことがあるそうだ。

また、知恩寺の目の前が京都大学文学部。この近辺に、昔から古本屋が集まっている。**吉岡書店**、**井上書店**、**福田屋書店**などは、私も京都をうろついている学生時代、週に一度は顔を出した店だ。「井上書店」の近く、知恩寺西隣りのビル三階に、二〇一四年誕生したのが**古書星と蝙蝠**。幻想文学、アート、思想、哲学、サブカルに強い店だ。

京都市内すべての古本屋を巡るというわけにもいかないだろう。百万遍へまず向かうことをすすめる。少し西へ行くと、あの伝説の喫茶店「進々堂」がある。人間国宝の黒田辰秋《たつあき》特製の大きなテーブルには、古本とコーヒーがよく似合う。窓近くに席を取り、買った古本を読みながら、コーヒーを飲んでいると、ああ、京都に来たなあと、ほかのどこよりも感じるのだった。

この「進々堂」より、今出川通りをしばらく銀閣寺方面へ歩くと、南側に**古書　善行堂**と**竹岡書店**がある。「古書　善行堂」は、著書『古本泣き笑い日記』（青弓社）、『関西赤貧古本道』（新潮新書）などの著書を持つ店主の山本善行（私の高校時代の同級生だ）が、長年古本マニアだった経験を生かし、好きな本だけ置いて、客を待っている。客に話しかけながら、それとなく好みを探り、これはどうかとおすすめ本を差し出すことも多い。そこでついたあだ名が「古本ソムリエ」。いつも店内にはジャズが流れている。「竹岡書店」は古本版「京都三大まつり」でもおなじみの老舗。

白川通りを少し北に上がった左手に、本物の自動車が半分突き刺さった不思議な店舗「ガケ書房」があった。新刊書店ながら、セレクトされた本や雑誌が並び、けっこうな量の古本コーナーを置いていたが店を閉じ、同じ白川通りを下った浄土寺馬場町「ホホホ座」に移転。一階に新刊書、二階に古書、雑貨、陶器、文房具、衣類などを販売する。

もう少し、古本屋を回りたいなら、叡山《えいざん》線に乗って「茶山」で下りれば、デザイン書や写真集、画集などに強い**紫陽書院**がある。「一乗寺」駅を東へ歩けば**萩書房**、西へ歩けば全国的に名を知られる新刊書店「恵文社」がある。「恵文社」では定期的に店内で古本市を開いているので、こちらも楽しみ。この一帯、京都人の生活圏で、普通の観光客が歩かないところ。しかし、そんな京都こそ「素」の姿を見せてくれるものだ。

このほか、上京区の築百年以上という古民家を改造した**町家古本はんのき**、西陣に**KARAIMO BOOKS**がある。後者はカフェを併設、九州の物産も売りながら、水俣、女性問題と意欲的な品揃えで、存在感を放っている。「はんのき」「KARAIMO BOOKS」ともに、自転車があればなあ、と思える場所にあるが、百年をたどる京都古本屋の歴史になかったような、新しい波を感じさせる店だ。二〇一四年には、京都御所の南、寺町通りの一本東側の新烏丸通に中古レコードと古本の店**ヨゾラ舎**がオープン。中古レコード・古本では京都市役所の西に**100000t アローントコ**がある。

奈良の新名所「ならまち」

京都から奈良へは電車で約一時間。この七、八年、新しい顔が増えて、古本町としての奈良がにぎやかになってきた。奈良のいいところは、「近鉄奈良」駅を起点として、南北ほぼ一直線に巡るべき古本屋が並んでいることだ。古本屋街を別にしてそんな町はほかにない。

「近鉄奈良」駅からすぐ、**大学堂**は昭和三年の創業。本寸法の古本屋という言葉が浮かぶ。本の質も量も、まず奈良屈指の店だ。私が出かけたときは、店内二割引の札があった。

とって返して、駅前から南へ伸びる商店街の最初の四つ角近辺に、**フジケイ堂小西**

通り店、アルテ館内に古美術も扱う**懐古堂**とかたまって二軒ある。ただし、ここは未見。

そのままアーケードの下御門商店街は、観光客も多く、にぎやかな通りだ。そのなかにある、**フジケイ堂もちいどの店**、**智林堂書店**、**朝倉文庫**、**十月書林**は指呼の距離。こんなに効率のいい古本町もまた珍しい。「フジケイ堂もちいどの店」は「小西通り店」の姉妹店。二階への階段を上がれば、明るい店内に、一般書から専門書までまんべんなく行き渡る間口の広い店だ。書道関係の本が充実している。「智林堂書店」は若い店主ながら本格的な品揃え。自家目録も出す意欲的な店で、本棚に古い絵葉書や鉄道の定期券などがビニール袋入りで貼ってある。何が出てくるかわからない。SFに強い「朝倉文庫」は、ほとんどの本にグラシン紙（半透明な紙）がかかっていて、一冊一冊をていねいに扱っていることがわかる。「十月書林」はうなぎの寝床式の店舗二つ分を、奥で往き来できるように壁をぶちぬいて合体。本の量が多いのと、本格的な装置でジャズを店内に流していたのが印象的だ。

戦災を免れた古い町家を改装し、飲食、雑貨、公共施設として再生させたのが「ならまち」と呼ばれるエリア。いまや集客力のある観光スポットとなっている。このなかに、土日のみ営業という**酒仙堂**がある。土間に古本を並べ、その奥、店主が座敷で酒席を開いている不思議な店だ。気に入られると、客もなかへ呼び込まれ「酒仙」と化す、なんてこともある。

かつては、「近鉄奈良」駅をはさんで、「酒仙堂」とは反対の方角にある**ならまち文庫　古書喫茶ちちろ**が、築九十年以上という民家に古本を置き、お茶も飲めるユニークな店だったが、今は古本は置いていないとのこと。小さな庭に面して縁側、その向こうに厠《かわや》と、通り抜ける風とともにタイムスリップしたようだった。また、私が訪れた時、応対して下さったのが、第六十回カンヌ映画祭でグランプリを受賞した「殯《もがり》の森」（河瀬直美監督）で主演を務めた、うだしげきさんだった。うださんは、現在も店にいて、うまくするとグランプリ俳優がいれたコーヒーが飲めます。

コラム　達人に学べ！❺

池谷伊佐夫

古書道楽は伴侶の理解が欠かせない

池谷《いけがや》さんの本職はイラストレーター。古本好きの度肝を抜いたのが、『東京古書店グラフィティ』およびその続編『三都古書店グラフィティ』（ともに東京書籍）。各古書店を紹介するのに、店内見取り図をイラストに起こすのだが、天井裏から覗いたようなアングルで、ご主人とレジを含め、本棚や床に積まれた本まで、息を呑むような精密さで再現されている。妹尾河童《せのおかっぱ》に同じ手法のイラストルポがあるが、その精密さと線の美しさ、完成度の高さにやっぱりうなってしまう。古本屋の店内を、天井をはがして虫の目で上から見ている気分だ。『神保町の蟲《むし》』（東京書籍）は、神保町巡りのエッセイと、前著『東京古書店グラフィティ』から漏れた店、裏筋の新顔などのイラストを新たに描き加えている。池谷さんの蒐集分野は古いミステリ、浮世絵など。私みたいに、「とりあえず買っておこう」「安いから買っておこう」といった安直さはなく、本当にいいものを、しかるべき値で買うというスタイル。かっこいい。

古本屋巡りもする、東京古書会館の即売展へも通う、目録でも買う、ときにブックオフなど新古書店へも行く、というオールマイティ。当然ながら、そんな古本生活での体験、実感がつづられたエッセイはおもしろい。

神保町の老舗古書店は敷居が高く入りにくい、と考えている人へのアドバイスがある。「神保町を歩くための効果的なコスチューム」をしなさい、と言うのだ。洋書、社会科学、国文学、古典籍などの専門店へ行きたいなら、学者、研究者を装う。具体的には「ノータイでブレザーをはおり、できれば髪は長めにしたい。太宰治、俳優の山本学といった雰囲気がかもしだせれば申し分ない」。これで「ひやかしではない」ということが店主に伝わる。

近代文学、稀覯漫画、高価な探偵小説の専門店では、その道のコレクターを装う。この場合は、服装や髪型ではなく「かかせないのはリュックか肩かけカバンである。中身は新聞紙をまるめたものでも充分だ。あとは蒐集リストらしき手帳をとりだし（メモをとるようなふりは禁物）、ときおり本と見くらべては、首をひねるしぐさでもあればいうことはない」らしい。

伝聞だが、ある若い人が某古書店へ行ったところ、入るなり手で制されて「失礼だが、うちにはあなたが探しているような本はありません」と入店を断られたという話がある。古本愛好者コスプレが必要か。

自分の奥さんにも気を遣えと、実践的体験を披瀝《ひれき》するのが「古書集めの、もうひとつの秘訣」。「古書蒐集にかぎらず、趣味の継続には金、時間、情熱、そしてなによりも伴侶の理解が欠かせないものである」と著者は言う。古本の大敵は「火、水、そして妻」という言葉もあるぐらいだ。

そこで池谷さんは、自分のホームグラウンドへ「絶対に神保町などには出かけることのない妻」を誘う。古書会館の即売展へ連れていき「ここが俺の聖地だ」と会場を案内すると、「ふーん」と一瞥しただけで、三省堂へ行ってしまった。まあ、そうでしょう。「聖地」巡礼失敗かと思いきや、そのあと、奥様同道で、古書店店頭の無料箱から巖谷大四《いわやだいし》の『懐しき文士たち』大正篇・昭和篇の二冊をあっさり入手。奥様も無料の雑誌を手に入れ、均一で向田邦子の本を安く買った時点で「機嫌は最上にたっした」。

これまで「古書集めにかんしては仕事上必要という大義があるので、ほとんど苦情をいわれたことはない」と言うが、尋常ならざる本の増殖と、どこへ消えていくかわからぬお金の問題で、どこか後ろめたい気持ちがつきまとう。妻の理解、これが古書道楽には必須、ということだ。よって、古本者には恐妻家が多い。

そのほか、日ごろ「藪の中」にある即売展の目録抽選について、知り合いの古書店にちゃんと抽選しているかを聞いてみた答えが紹介されている。

「たくさん注文してくれる人と少ない人では当然前者が有利だし、業者間なら優先的にゆずる店もあれば、逆の店もあるんですよ。はじめての人や遠方で来られない人よりは、取りにきてくれる人のほうが断然有利でしょうね」

抽選、と書いてあっても、届いた注文のなかから、目をつぶって一枚引くというようなことではないらしい。

池谷さんにはこのほか、『書物の達人』（東京書籍）、『古本蟲がゆく』（文藝春秋）などの古書にまつわるエッセイ集がある。

第6章
ブックオフの使い道

イラスト／著者

初めに「高原書店」ありき

「新古書店《しんこしょてん》」という、それまで見なかった用語が流通し始めたのは、二〇〇〇年前後か。一九九六年三月号『東京人』が「ふるほんの宇宙」という特集を組んだ。座談会や紀田順一郎の原稿で、すでに触れられているが、使われた言葉は「新古本屋《しんこほんや》」だ。しかし、これは定着しなかった。「しんこほん」と言われても、すぐには漢字に変換されたイメージが浮かばないからだろう。

紀田の原稿「古書業界のニューウェーヴ。」で編集部が書いたリードは以下の通り。「最近、新刊書店と見まがうばかりの〝古本屋〟が増えている。広く明るい店内には、文庫、まんが、写真集などが整然と並べられ、小学生から大人まで、老若男女でにぎわっている。暗い、汚いといった従来のイメージを打ち破る古本屋の登場。東京の郊外でがんばる対照的な2店を取り上げ、躍進の背景をさぐる」。

ここで取材されているのは、東京・町田市にある高原書店とBOOK・OFF（以下、「ブックオフ」と表記）。高原書店は、一九七四年に脱サラで開業した最初は小さな古本屋だった。店主・高原坦《ひろし》の才覚により、「半額主義」を打ち出し、駅前ビルのワンフロアを借り切り、いきなり百八十坪展開という快挙を成し遂げた。この、広いフロアに、種々雑多な本をまんべんなく置くことと、値段は半額という思想をさらに拡大発展したのがブックオフである。

ブックオフ創業者（坂本孝）が、高原書店を視察して研究していたと、当時、従業員だった者の証言もある。高原書店はその後、JR新大久保駅前に「新宿古書センター」というビル一軒丸ごとの古本屋を起ちあげたり、横浜ドリームランド前店を開設するなど拡大路線を図ったが、その後縮小。店主の死去もあり、駅前から少し離れた場所に店舗を移し、むしろ徳島に設けた三百坪の倉庫を使って管理するネット販売に力を入れている。「出版洪水と読者側のニーズの多様化に対応するためには、大量のストックが必要」（紀田順一郎）という、この発想も新しかった。

試しに、古書とは呼べないような、珍しくはないが品切れ絶版になった一般書を、古書サイトで検索すると、たいてい「高原書店」が在庫を持っている。しかも五、六冊とかの複本を平気で並べている。

昔、鯨捕りもしていたという快男児・高原坦について、誰かが評伝を書くべきだと思う。彼の下で働いて独立した古書業界の俊英たちは、いま中央線沿線で**よみた屋**、

古書音羽館を開業し、**ささま書店**では番頭格を務めている。直木賞作家・三浦しをんが学生時代、ここでアルバイトをしていたのも有名な話。

「高原書店」「ブックオフ」と並行するように生まれた、ソフトも販売する同様の大型新古書店チェーンは、ほかにも「ブックスーパーいとう」「古本市場」などがあるが、その数と広告宣伝の物量による衆知度は、ブックオフが抜きん出ている。

テレビが普及する前、たばこ屋、銭湯、喫茶店、大衆食堂などと同じ町の風景のなかに、普通にあった「古本屋」（貸本屋との兼業も多かった）だったが、次第に姿を消していく。昭和五十年代以降、古本屋と縁がないまま、一生を終える人が増えたのではないか。

そこに登場したのがブックオフだ。古本を買うことと、売ることとの抵抗感を、あっさりぬぐい去って急成長した。車に乗って家族で古本屋、というのは、ブックオフを代表とする新古書店ができるまでは考えられない光景だった。古い街道や入り組んだ横丁がある町に、突如高速道路が開通した、そんな印象だった。

それまで、薄暗い、臭い、汚い、狭いイメージのあった「古本屋」像（それが〝味〟だったが）を払拭し、明るく、広く、新しいイメージを植え付けた。ブックオフこそ「古本屋」だと思い、従来型の古本屋へは行かないが、ブックオフでなら古本を(古本だと意識せずに)買っている人が圧倒的に増えたように思う。

ブックオフの歴史

ブックオフコーポレーション(「ブックオフ」と本稿では表記)のHPを参考に、その歴史を振り返っておく。ブックオフは、一九九〇年五月、神奈川県相模原市に直営第一号店がオープンした。約三十五坪の店舗だったという。従来型の古本屋は十坪でも広めだから、かなり大きい印象だ。一九九一年八月に会社組織として設立、全国にフランチャイズ化が展開されていく。一九九四年末には百店舗に達した。一九九九年四月からは「Kids Goods」と呼ぶ、子ども用品リユースショップにも手を伸ばし、以後、本以外のリサイクル商品も扱うようになる。

一九九八年五月には、ハワイに海外に進出、第一店舗を作る。二〇〇〇年四月にはニューヨーク、二〇〇一年にはロサンゼルス、二〇〇四年にはパリ、以後、バンクーバー、ソウル、サンディエゴと海外へ販路を伸ばしていく。ニューヨーク店へ行った知り合いの話を聞くと、普通に、日本の本が一ドルとかで売っている、らしい。パリにはその後、洋書専門店もできた。

　二〇〇〇年五月に全国五百店舗を達成する頃から、駅前や幹線道路沿いなどいたるところで看板を見るようになってきた。私が熱心に行き始めるようになったのもこの頃か。家族で秋田へ旅行し、角館《かくのだて》駅で降りたとき、ブックオフの看板を見つけ、「ちょっと寄っていこうか」と提案し、妻に却下されたことがある。いま、検索すると、もうなくなったようだ。秋田駅で降りたら、今度は目の前にブックオフがあり、こちらは宿泊する宿での夕食後、わざわざ駅前までバスで引き返し、家族で訪れている。こちらもいまは撤退した模様。

　二〇〇七年十二月には、ついに九百店舗に達し、一千店舗が射程に入ってきた。古本屋のチェーン店が、海外にも進出し、一千店舗にまで増殖するなど、ブックオフができた時点では、誰も想像がつかなかった。創業して数年たった頃、神保町の古書店主とブックオフについて話していたら、「あんな素人商売、長くもつわけないよ。いずれ消える」と断言していたことをいま思い出す。

　ちなみに、JR「飯田橋」駅、「秋葉原」駅近くにブックオフができて、神保町は包囲されつつある。城内に攻め込むのも時間の問題か。新刊書店も古書店も表向きは

「あちらはあちら、うちとはまるで別の商売」と平静な顔をしているが、内心は脅威に感じているはずだ。

荻窪店は大型店舗だが、一九九八年、前年に破綻した「山一證券」ビルのあとに入った。このときは、大きな話題になった。しかも、隣りが新刊書店（現在はコンビニ）。道を挟んで目の前に交番、というすごい立地。証券会社がつぶれ、いわばリサイクル業者がその後がまに座る。時代を象徴するできごとだった。

文庫の扱いや見方が変わった

初めての古本体験がブックオフという人種が、この先増えていく。資源ゴミの日に、道ばたを見ると多くの本や雑誌が捨てられている。要らなくなった本を古本屋に買い取ってもらう、という行為を知らない人がいるのだ。あるいは、面倒だとも、そういう行為を恥ずかしいものだとも思っている人がいる。ブックオフは本を売り買いする、その敷居を低くしたことは間違いない。

私は仕事で文庫について参照する必要があると、自分の蔵書で間に合うときもあるが、あることがわかっていても見つからないとき、または所持していないときは、とりあえず近隣のブックオフ数店を巡る。古書扱いの古典的な文庫は難しいが、この十五年、二十年のスパンで出た文庫で、わりあいよく売れたものなら、ブックオフで見つかったケースがけっこうある。また、こういう品切れ・絶版文庫は古いという理由で、百円棚のほうに集中している。

百円と半額の文庫の収蔵において、ブックオフなどの新古書店は、町の古本屋ではとても勝負にならないほど、圧倒的な数量を揃えている。これはデータがなく、三十年以上、古本まみれになってきた私の体感で言うのだが、ブックオフが新旧の文庫を大量に流通させたことは、あえて言えば革命であった。長らく、町の古本屋では、岩波以外の文庫の買取について積極的でなかった。多くは単行本の二次使用であり、造本や装幀といった本の魅力を謳えるポイントが乏しい。そのため、古本の主流は専門書や文芸書などの単行本で、文庫は傍流、という扱いだったと思う。

いま新刊書店の文庫売り場へ行っても、ほとんど目にすることのなくなった日本の現代作家が、ブックオフの棚では現役でがんばっている。石川達三、石坂洋次郎、獅子文六、源氏鶏太などの戦後の流行作家が、楽々、ブックオフでなら拾えるのである。角川文庫の赤い背の片岡義男、黒い背の横溝正史が、「か」の棚、「よ」の棚にずらり並ぶ様は、出版史の地層の断面を見るようで感慨深い。大学で「出版史」の講座を受け持つ先生は、黒板を背にデータを並べるより、ブックオフの文庫棚へ連れていけばいいと思う。

私はこんなふうに店内を周遊する

私はほぼ、毎日、どこかのブックオフに出没している。私の住む東京西郊の町には、乗り降りする最寄りの駅「国立」南口にまず、ある。ここは週に二、三度か。自転車で行ける圏内に、立川栄《たちかわさかえ》店と東大和店があり、ときに遠出して昭島店まで行くことも。つい最近まで、立川砂川店と一ツ橋駅前店があり、こちらもよく利用したが撤退してしまった。

毎日通って毎日買わない、でもだいじょうぶというところがすごい。じっさい、行きつけのブックオフに行くと、マンガ売り場にいつも見かける青年がいるが、立ち読みするだけで、買っているところを見たことがない。町の古本屋ではありえないだろう。

パン屋へ入って、何も買わずに出てくる人はあまりいないが、古本屋の場合、入ったが買わずに出てくる人のパーセンテージは高い。

しかし、ほかの人はどうあれ、町の古本屋さんに入って空振りの場合、私は店を出るとき、やっぱり心理的圧迫を感じ、心の中で詫びを言う。知り合いの店主の店なら、隠れるようにこそこそと店を出ることもある。ひとの家に上がって、出されたお茶に手をつけずに、挨拶もせずに帰るようなものか。ちょっと違うか。

まあ、とにかく、あの大型新古書店の場合は、その点においてすべて事情が違う。店員が客の出入りをいちいち気にしていない（「いらっしゃいませ」の連呼はうるさいが）。店員の視線を感じずに本棚と対することができる。店長もたいてい雇われで、オーナーではない。いつも比較するのだが、その点、パチンコ店に似ていて、無心で没頭できるのだ。

滞在時間は約一時間。見るのはほぼ百円の棚。アイウエオ作家順の文芸書の棚からまず取り付いて、そのまま棚を流していって、小説・エッセイの棚が途切れると、それ以外の棚では、哲学、歴史、美術、映画、芸能、詩歌、全集のコーナーをチェックする。理系や経済、経営などの棚はスルーするわけだ。

次に文庫の棚に回って、こちらは出版社別に並ぶ「小説以外の棚」から攻めていく。

小説は国内と海外で分かれ、作家別のアイウエオ順。時代小説はまた別の棚になる。出版社別の文庫棚で気になるのは、岩波、講談社学術・文芸、ちくま、中公、福武、文春などだ。とくに岩波、ちくま、中公は念入りにチェック。ここが充実していれば、ほかの棚にも期待ができるという、試験紙のような特殊な文庫なのだ。本好きやマニアが好むのがこれらの文庫だから、短時間しかいられないときは、ここだけチェックすることもある。初めて入るブックオフでも、まずここを見て、それでその店の全体を把握するようにしている。それは、マニアやセドリの連中がすでに荒らしたあとかどうかの判断にもなる。ここが薄いと、あんまり熱を入れても仕方がない、という気になる。気持ちはその分おだやかになる。

直営とフランチャイズ

そんなことまで知ってどうする、という話をしよう。

外身からはまったく同じに見えるブックオフにも、じつは二種類ある。直営店とフランチャイズ店と呼ばれ、直営店はブックオフコーポレーションの経営で、すべて本部の統括下にある。フランチャイズ店というのは、店名やロゴ、運営システムを借りて、一般のオーナーが店を経営するのだ。

直営とフランチャイズの違いを見分ける方法は、「元ブックオフ店長が教える、せどりで初月利益3万円の方法」というサイトを見たところ、店員の服装が違うそうだ。直営店の場合は、黒の半袖シャツに黒エプロン。フランチャイズはジーンズ地のエプロンだという。

そのほか、値段のつけ方と扱う本の種類が、フランチャイズ店は直営店と少し違うのだ。直営店はすべてマニュアルに従って本を買い入れ、値付けをする。単行本と文庫の場合、基本的には定価の半額か、もしくは百円だ。いわゆる古書っぽい本を見ることはない。

ところがフランチャイズは、最初に開店指導を受けてはいるが、あとはロイヤリティを払えば、わりあい本の扱いは自由なのだと思われる。値付けは定価の半額と百円が中心ではあるが、そのほか、定価と百円の間に、何段階もの値段の層がある。きれい、汚いだけを判断基準にせず、しかるべき中身の本には、それなりの評価をした上で値段がついているのだ。定価の半額より高い、あるいは半額と百円の間という価格がフランチャイズでは見受けられる。

古本業界でいう、いわゆる「黒っぽい本」まではいかなくても、灰色ゾーンの、おもしろい本が並ぶのもフランチャイズ店で、明らかに店員の好みで選書されたコーナーがあり、シブい値付けがしてある。

セール前日にシミュレーション

そのほか、直営店では週末など定期的に「半額セール」「文庫・新書二百円均一セール」など各種セールを行うのが特徴。これは、本部から定期的に売り上げを厳しくチェックされるからで、ノルマ達成のために打つ手だ。

各店で、それぞれセールの内容は違うが、先に挙げたほか「単行本五百円」「雑誌半額」などがよく見る手だ。私は携帯電話を所持しているが、便利に使おうと思っていないへそまがりで、メールさえ打てない（打たない）のだが（スマホに転向して、メールは打てるようになった）、各店で携帯登録すれば、セール実施について事前情報が得られる。また、買い物をした際、レジでセールの予定を印刷した紙を入れられることもある。

しかし、私の知るかぎり、ブックオフのヘビーユーザーないし携帯電話を使ってのセドリ連中たちは、ほぼ全員が携帯登録を各店でしており、週末近くになると、その情報を元に、いかに効率よく各店のセールを回るか、思案しているようだ。

「文庫二百円均一セール」になると、開店から十分たたないうちに、岩波、講談社(学術・文芸)、ちくま(学芸)、中公などの定価の高い売れ筋は、またたくまに消え去る。午後からゆっくりと、なんて考えていたら、とてもいいものは拾えない。セール時になると本棚下の引き出し(ストッカー)も開けられ、在庫まで荒らされるから、補充分からも目ぼしいものはなくなる。

セールに妙手はなく「早いもの勝ち」の一手である。私も何度か、セール時に開店前から駆けつけたことがあるが、三十分前にはもう長蛇の列ができていた。いったい、先頭の連中はいつから並んでいるのか。古本屋の開店に、朝から行列ができるというのは、とても考えられないことだった。

二〇一〇年、清澄白河に生まれた古本屋**しまぶっく**は、組合にも入らず、客からの買取も拒んで、神保町やブックオフからのセドリだけで成り立たせている。店主・渡辺冨士雄に話を聞いたことがあるが、ブックオフのセールはもちろん欠かさず開店に駆けつける。そればかりか、前夜にセール店を訪れ、どの棚に抜けそうな本があるかを事前に検分しておく、というのだ。その際、身体に覚えさせた棚から棚への動きを、開店と同時に再現させる。このシミュレーションなくして、「しまぶっく」の、とてもセドリだけで作られたと思えない、良書だらけの棚は作れない。

ブックオフにかげり

ブックオフは、二〇一一年に全国で九百店舗に達し、翌一二年三月決算で、十八億六千七百万円の純利益を得た。当時、この勢いでそのまま行けば、一千店舗達成も確実と思われたが、二〇一二年をピークに売り上げは落ちていく。新規開店が減り、不採算店の撤退など、勢いに陰りが見え始め、二〇一六年の店舗数は九百を割り、八百六十九店舗となった。

携帯電話や家電製品などの「リユース」部門に力を入れ始めた頃から、テレビCMの「本を売るならブックオフ」も姿を消し、中古本の百円＋税という料金大系も、ほとんどの店で「二百円」が最安値となった。本の売り場を減らし、そこに中古の家電製品や楽器を並べ始める。しかしアイテム数があまりに少なく、私の経験で言えば、客がブックオフで家電製品を買い求める姿を見たことがない。

初期のブックオフと言えば、夏休みともなれば、中高生たちが、読み放題のマンガの棚に張り付いて立ち読みをする姿が、電線に止まる雀のように並んでみられたものだった。いまや立ち読みする姿も少なくなった。最新の人気作品などは、ビニール袋でパックし、別のコーナーで特化した形で売られている(価格は半額以上)。ゴールドラッシュで砂金を取り尽した後の川辺のように、活気のあったブックオフも少し淋しくなった。

買える店買えない店

広い駐車場を持つロードサイド型の大型店は、ほとんど直営店だと聞くが、本の量は多いものの、目ぼしいものはあまりない。駅前の大型店も同じ。これらの店は、ネット販売などでセドリをしているセミプロおよびプロが定期的に巡回しては、網を引いて帰ると思われ、その隙をつくのが非常に難しい。繰り返しになるが、こういう店は文庫の棚は広く大量にあるのに、目が背表紙をツルツル滑っていく。引っかかりがないのだ。前述した岩波、講談社学術・文芸、ちくま、中公といった本好きが愛する文庫がほとんどない。単行本でも、おもしろいものを見つけられる可能性が非常に低い。

意外におもしろいものが見つかるのが、駐車場のない小型店。あるいは、落ちついた住宅街を背景に持つ小型店や中型店。セドリを目的とするセミプロとプロの多くは、自動車で移動し、守備範囲を定期的に巡回していく。駐車場のない店は敬遠しがちだし、ましてや小型店は本の量が少なく、効率が悪い。そのため、彼らの手が入っていない状態で、花が摘めるというわけだ。

いま、具体的に頭に浮かべていたのは、東京西郊の花小金井《はなこがねい》店と東久留米前沢《まえさわ》店。前者は広い駐車場を持つ二階建て中型店。後者は駐車場はあるが、幹線道路から一本脇道に入ったところにある小型店。私は、以前小平市に住んでいて、この二店舗はわりあい近くにあったため、とくに花小金井店へは自転車でよく通っていた。現在、国分寺市在住で、この二店舗からは少し離れたため足が遠のいた。家族で夕食後にブックオフ巡りをするとき、数ヵ月に一度、遠征をして、この二店舗へ行く。ひさしぶりだと、ちょっと期待に胸が高鳴るのだ。

花小金井店は広さも本の量もじゅうぶん。一階がマンガとCD、DVDとゲームソフトなど。二階が本全般、ということになるが、とにかくここで、もう長らく、まともな買い物をした覚えがない。とくに百円単行本の棚は、世の中に、こんなに自分とは関係のない本が出ているのか、と感動を覚えるほど買える本が少ない。いまや、見てもムダとわかっているが、いちおう、眼の訓練としてなぞっている感じだ。おそらく、ひんぱんに多数のセミプロ、プロのセドリたちの足跡がベタベタと床にくっついているのだと思われる。

それに比して、小型店で客の数も少ない東久留米前沢店では、とにかくよく買えた。入ってすぐの百円文庫の小説以外の棚でも、岩波、ちくま、中公のおもしろいところがけっこう拾えたし、百円単行本の棚へ移っても、見応えがあった。見応えのある棚は、いちいち一冊ずつ背表紙を追わなくても、パッと一瞥しただけで、色というか、全体の雰囲気というか、違って見えるものだ。「これはありそうだ」と確信できた日は、背表紙を追うのに力が入る。

東久留米前沢店が買える店であることの証拠に、一度、店内で知り合いの古本屋さんに出会ったことがある。もちろんセドリに来ていたのだ。こんなところで会って、とお互い、ちょっと照れながら、「○○さん、ここ、買えるでしょう?」、「そうなんですよ。ここでけっこういいものを拾えるんですよ」などと会話したものだ。しかし、その情報が行きわたったか、ここ数年はどうも漁場が荒れて、買えることが少なくなってきたのは残念。

ブックオフが教えてくれた

ブックオフの文庫棚の特徴の一つが、同じ本が何冊でも並んでいることだ。これは、行けば誰もが気付くことだが、意外に重要なことだ。

町の古本屋にも、同じ本が並ぶことはあるが、数はせいぜい二冊。あたりまえの話で、まず在庫のだぶつきのある本を、よほど売れる本でないかぎり何冊も仕入れることは考えられないし、だいいち、五坪から十坪程度の店の棚は有効に使わなければならない。

ブックオフの場合、買取はマニュアルに従って、複数の店員が対応するから、状態が悪いもの以外は基本的になんでも、何冊でも買い取る。二〇〇〇年代に刊行が社会的現象にもなった「ハリー・ポッター」シリーズなど、第五巻は初版二百九十万セットという驚異的な数字を示した。「超」のつくベストセラーは、半年後には古本市場に洪水のように流れ出す。一年後には、町の個人営業の古本屋では、とても買い取れないだろう。

しかし、ブックオフでこの手の本を「過剰在庫」だから買い取れないと断ったケースは聞かない。状態さえよければ、という絶対条件のもと、たとえ一冊十円でも「ありがとうございます」と礼を言って引き取るのがこの巨大チェーン店のシステムだ。

そこでどういうことが起こるか。冒頭に述べたように、まったく同じ本が何冊も並び、売れても売れても補充される現象が起きる。「東大生・京大生にもっとも読まれた本」というキャッチコピーが効いたのか、ちくま文庫で突如売れだし、ついに百万部を突破した外山滋比古の『思考の整理学』など、文庫の棚に七、八冊並んでいるのを目撃した。「百万部」と言われてもピンと来ないが、ブックオフの棚にたくさん並んでいるのを見て、初めて「ああ、こんなに売れたんだ」と実感するのだ。言わなくてもいいことだが、自分の本が何冊も並んでいるのを見たことがない。

この「よく見かける」「何冊も並ぶ」ことから、何が学べるか。

ミステリのガイドをしてくれる棚

自分が精通していないジャンルの本の売り上げ動向がひと目でわかる。たとえば、私はそこそこの海外ミステリ・ファンである。毎年恒例の『このミステリーがすごい！』（別冊宝島）、「ミステリー・ベスト10」（週刊文春）などのランキングを参考に、未読をすべて追いかけるというほどではないが、ディック・フランシスは全作読んでいるし、ジョン・ダニングやロバート・B・パーカー、ジェフリー・ディーヴァーなどの新作は待ちこがれて読んだ、という程度。

それでも、ときどきは寝酒をやるように、ミステリが恋しくなるのだが、いざブックオフを含む古本屋で新作に近い旧作を探そうと思っても手掛かりがない。そんなとき、ブックオフで複数冊並んでいる作品、もしくは、よく見かける作品に手を伸ばす。もともと選ばれて翻訳されているのが海外ミステリだから、はなはだしい「ハズレ」にあうことはないが、それでもこれから新幹線に乗るという場合など、道中の時間を安心して楽しめる作品が欲しい。

ハヤカワポケットミステリから出たローリー・リン・ドラモンドの『あなたに不利な証拠として』はそうして見つけた一冊で、読んでいる最中は「これはこの世に生み出された文学作品の頂点かもしれない」と思うほど興奮した。著者（女性）はもと警官で、五人の女性警官を描いた短編集たる本書でMWA賞を受賞した。死がつきまとう警官という職業について、その日々の心理状態、悩みや苦しみを、端正なタッチで言葉にしていく。そのリアルさ、主人公の鼓動がそのまま伝染するような文章のみごとさに、驚きをとおり越して呆れるような気持ちで読んだのだ。

この小説はのちハヤカワ文庫に移り、それでもまだ売れたようだが、新書の海外小説の棚で、ポケミスのこれをいまだによく見る。読後の衝撃は強く、いまでも、見るとつい買いそうになるぐらいだ。

文春文庫の海外作品は背の色が、白（ノンフィクションや評伝）と青（ミステリおよび小説）に分かれていて、売れ行きはうつろいやすいらしく、ともに品切れが多い。ここでも何冊か、複数在庫の未知の作家と出会っている。ウィルバー・スミス『虎の眼』、J・ロバート・ジェインズ『虜囚の都』、カール・ハイアセン『復讐はお好き?』などは、その手で買って、いずれも満足した。

講談社文庫ではデイヴィッド・ハンドラー、角川文庫ではジェイムズ・リー・バークの各シリーズも一冊読んでは、残るシリーズを百円の棚から探すのが、一時楽しみだった。複数冊を見ることで、何を読んでいいかさっぱりわからない海外ミステリ文庫の分野で、一つの道筋が見えてきたのである。

『江戸川乱歩傑作選』カバーは三種ある

同じ作品が複数冊あるという点では、こんな楽しみもある。つい最近、「あっ！」と思って、三冊一緒にわしづかみして買ったのが新潮文庫の『江戸川乱歩傑作選』。仮にこの三冊をＡＢＣと分けて、古い順から発行年で言えば、Ａが昭和六十一年（四十四刷）、Ｂが平成十年（七十四刷）、Ｃが平成十五年（八十四刷）。途中、平成元年に改版され、本文文字は大きくなったが、収録された作品も順序も、昭和三十五年の初版時に書かれた解説（荒正人）もまったく同じだ。ただ違うのは、表紙カバーで、デザインがみな異なっている。私は乱歩マニアではないから、同文庫の初版時がどうであったかは知らない。昭和三十五年なら、まだカバーがかかっていなかった可能性もある。

とにかくＡは赤と黒二色による指紋、鎖、カギのイラストをデザイン化したカバーで、担当は長尾みのる。現行のＣは、黒バックに金文字タイトル、中央に鉄道のガード下らしき光景を模型に作って写真撮影した西島千春によるデザイン。問題は、というか珍品はＢだ。タイトルの「江戸川乱歩傑作選」を欄外に小さく置いて、三つ眼の

『江戸川乱歩傑作選』　左から「昭和61年、44刷」「平成10年、74刷」「平成15年、84刷」

女、裸体で縛り吊るされた美女、提灯を持った少年探偵らしい学生服などのイラストとともに描き文字で大きく「D坂の殺人事件」とある。これは耽美的マンガで人気のある丸尾末広の作。マニア受けするカバーだ。

　おそらく、この丸尾カバー文庫が作られた平成十年、実相寺昭雄監督により「D坂の殺人事件」が映画化され（明智小五郎役は嶋田久作）、それに合わせたものと思われる。通常は、映画化された作品の原作という場合、映画のスチールが使われることが多いが、イラスト（マンガ）を使うのは珍しい。ということは、この丸尾カバーが使われたのは、映画が公開された平成十年の一年に限定されているはずで、稀少性が高い、ということになる。なお、この他にも異装のカバーがある、とマニアから指摘を受けた。

　私は、乱歩を読むには、この新潮文庫の「傑作選」がセレクトも分量もちょうどいいため、これまでも出先で急に読みたくなったりしたときに、同じものを何冊か買っている。それなのに、ブックオフで三冊をまとめて買ってしまった。それも一冊百円だから、軽々となせる業であり、新刊では、同じ本を三冊はなかなか思い切って買えない。というより、新刊書店の文庫棚で、同社文庫の同一作品でカバー違いを見つけることはありえない。

　こういう瑣末《さまつ》な視点を、つまらないとお思いになるだろうか。しかし、こういうことこそ、流通した大量の本をいったんシャッフルして、単純にアイウエオ作家別（そのなかでさらに出版社別）に並べたブックオフだからこそ、発見できた楽しみなのだ。すでに長尾カバー、あるいは西島カバーで持っている人でも、丸尾カバーを見れば、きっと欲しくなる。欲しくなりますよ（ちなみに平成二十二年には「新潮文庫の100冊」企画の一環として、大貫卓也デザインによる、黒地に赤文字のシンプルな限定バージョンも出ている）。

コラム　達人に学べ！❻

樽見 博

初版だけが高いのではない

著者は東京古書会館からすぐ近くのビルに編集部を持つ「日本古書通信社」に出勤、『日本古書通信』を編集している。自身で「古書情報誌の編集者であり、古書業者であり古本ファンである」と書く。神保町人種の一人であり、毎日、古書街をパトロールしていて、私が神保町でもっともよく出くわす方である。

さて、自己紹介の「編集者」と「古本ファン」はわかるが、「古書業者」とはどういうことか。くわしく聞いたことはないが、樽見さんは古本愛好者（たいていは読者）の蔵書処分を手伝い、古書会館の市場へも出入りするセミプロである。古書についてはもちろん、業者の噂話から市場の仕組みまで、もっともよく知る人と言っていいだろう。

『古本通』（平凡社新書）は、それらどっぷり浸かった古本世界での体験を、惜しげもなく開陳して、古本の川上から川下まで、これ以上くわしい本はない。

まず「あとがき」にこんなことが書いてある。東京古書組合の主催で、古書会館の展示スペースを使って「古本屋の書いた本展」が開かれたという。私はこれを見逃したが、会場には約八百点の書籍や雑誌が展示された。私の蔵書にも「古本」関連の書籍や雑誌が軽く百点以上はあると思うが、八百点はすごい。樽見さんは「最近は古本関連の出版ブームの観すらある」と書いておられる。たしかに、新刊書店でも古本関連の本を集めたコーナーがあったりする。二十年前には考えられなかったことだ。もっとも映画やジャズ（喫茶）もそうだったが、その分野が廃れ始めたとき、関連書が多く出るという皮肉な現象があるのだが。

『古本通』に教えられたことは、あまりに多いが、たとえばこんなところを読むと、なるほどなあ、と感心する。

とかく、古本を買い始めたような人は「初版」にこだわり、ありがたがるようなところがあるが、著者は、初版のみが高いのではないというのだ。「与謝野晶子『みだれ髪』、伊藤左千夫『野菊の墓』などは初版、三版はあるが、二版が現れたことがなく、もし出てくれば初版より高くなる可能性がある」という。普通考えれば、初版の部数がもっとも多く、二版、三版はそれよりぐっと少なくなるのが常識だから、ありえることである。内田百閒《ひゃっけん》の処女出版『冥途』（稲門堂書店・大正十一年）の場合は、事態はもっと複雑で「昭和九年に三笠書房から再版が出るが、これには未製本と製本された二種があり、この本の二版は箱付革背、三版になると現在最高に人気のある版画家谷中安規《たになかやすのり》の木版画装本になる」。これが高い。

同様に、花田清輝の著作が、初版と再版でカバーデザインを変えたり、岡本太郎をいち早く装幀に起用しているなど、日本の出版界の装幀への「意識の高さ」を指摘している。古本を扱うことで、書肆学や装幀の魅力にも目覚めていく。電子書籍では学び得ない、生きた学問である。

『日本古書通信』の巻末には、日本全国の古書店の目録が掲載されているし、誌面にも古書の書誌学的な原稿がよく載る。古書目録もひんぱんに目を通し、業者市で実物も見ている。樽見さんの目は、築地市場の魚の仲買人《なかがいにん》みたいに肥えているのだ。

ネット販売とその利用の普及増大にも一言ある。

「何より、簡単に手に入れたものなど誰も大切に思わない。苦労して一冊の古本に出会うということは、その本への思い入れをとおして深く考えることに導いていく。そこには、ただ情報を得る以上の価値があるのである」

こんなにうまくは言えないが、これは日ごろ私が思っている通りのことで、文章に向けて拍手したくなるなあ。

また、「古本で利殖は可能か」という問いには「本が売れないで、古本の値段がどんどん下がっている現在では」、ほぼその可能性はなくなったという。蔵書の処分についても、あまり金銭的に多くを望まないほうがいい。「不要な本百冊を処分して、その代価で今必要な本一冊買うほうが、明らかに有効で、かつ楽しい。一度欲しくて買った本は、買ったことで一度満足し、読むことで二度満足しているのである」という件《くだり》は、溜めるだけ溜めて蔵書に苦しむ私には耳が痛いが、古本を買うことの神髄を突いている。

第7章

即売展のたのしみ

イラスト/著者

古本の腕を上げるには

東京在住の、けっこうな古本好きの人と話していて、即売展の話をしたとき「いや、私はまだ行ったことがない」なんて聞くと、「それはもったいない」と口から出てしまう。かつて『彷書月刊』編集長の故・田村治芳《はるよし》がこう言っていた。古本好きは、最初は店買い、次に即売展（即売会とも古書展とも呼ぶ）、そして目録と進化していく。私は長らく、店買い止まりだった。あとでわかったが、即売展へ通うようにならないと、古本の腕は上がらない。

けっきょくは即売展が勝負なのだ。

東京都および首都圏に住む者と、それ以外の地方在住者の間に圧倒的なハンデがあるのは、古本屋の数の違いもあるが、東京では、ひんぱんに古書即売展やデパート展、古本市などが開催されていることだ。

脳と身体に少し古本の色と匂いが染みつき始めると、ただ古本屋を巡っているだけでは限界を感じるようになる。さらにディープな珍本、奇書、雑本、あるいは絵葉書やチラシ、資料類などに触れるには、即売展のような、複数店が合同で開く一般客向けの市場へ行くしかない。店では動かないような、いわゆる黒っぽい本がここで一挙、放出される。それに、美本重視の目録には掲載できない、難あり（汚れ、傷、褪色）の商品は、思いっきり安い値で出ることもあり、見逃せないのだ。

よく勘違いされるが、同じ会場で、ふだんは業者つまりプロ同士の交換会が開かれている。こちらは、古書組合に加入したプロの業者しか入れない。ところが、これら週末に開かれる即売展は、出入り自由だし、入場料も資格も必要ない。あまり宣伝をしていないために、地下活動のように、内緒で行われているような感じがするかもしれないが、一度、とにかく行ってみればわかる。門戸は広く開かれているのだ。

駄菓子屋感覚で買える

ここで、東京都内で開かれる古書即売展を中心に話を進める。くわしくは、「日本の古本屋」ホームページで会期や場所を確認してもらいたいが、大雑把に言えば三ヵ所。東京古書会館（神田）、西部古書会館（高円寺）、南部古書会館（五反田）で、週末に開かれている。古書組合本部のある「東京古書会館」建物の地下では年間約五十回の開催。毎年、秋に開かれる神保町を中心とした「神田古本まつり」が一般客向けとしたら、こちらは完全に上級者とマニア向け。そこにプロの業者も客として加わる。ここで揉まれて、初めて「古本道」は新しいステージへと移る。

ただし、臆することはまったくない。値段はピンキリだし、西部と南部の即売展では、ふだんガレージに使っているスペースで放出セールが開かれ、ほとんどが三百円以下の本や雑誌で占められている。子どもが駄菓子屋でカゴを借りて、飴や麩菓子をどんどん放りこむ感じと似ている。手当たり次第に本が買えるのだ。二、三千円でレジ袋はいっぱい。

とくに五反田にある南部古書会館即売展のガレージセールは古本者が群がる名物。本会場は二階で朝十時開催だが、一階のガレージは九時半始まり。九時あたりから人が集まり始め、ガレージの外、路上に一部はみだした古本の台をすでに熱心に漁り始める人がいる。ガレージ内へはロープが張られ、時間厳守で誰も入れない。そうすると、ウソみたいに聞こえるかもしれないが、双眼鏡を出して、ロープの外からこの日並んだ本をチェックする人もいるのだ。その執念には頭が下がる。

各即売展は、特定の業者がグループを組んで、会の名前をつけ、同人方式で定期的に即売展を回している。南部古書会館では、「本の散歩展」「五反田遊古会」「五反田古書展」と三つのグループがあり、ローテーションを組んで開催している。月の輪書林のように毎回出品する店もあれば、会によって参加という場合もある。東京古書会館はもっと細分化され、「書窓展」「ぐろりや会」「城北展」「趣味展」「和洋会」などグループに分かれて、それぞれ特色を出している。

事前に顧客には、その会期に出品される商品を掲載した目録が送られる。あらかじめ、それを見て注文を入れ、会期中に会場へ商品を取りに行く人もある。もちろん掲載された商品は、この日並ぶ古本のほんの一部。遠方の人など、目録買いで済ませる人もいるが、やはり種々雑多な本を見て、手に取るためには会場へ足を運びたい。

私の経験では、いちばん敷居の低いのが西部、その次が南部、総本山が神田の東京古書会館ではないだろうか。しかし、それほど大きな差はない。

即売展の歴史

ミスター神保町・八木福次郎の著作『古本屋の回想』（東京堂出版）に「古書即売展の始まり」という文章がある。これを借りて、少し即売展の歴史をひもといてみる。

そもそも即売展の最初は明治四十二年十一月、横浜の浜港館で開かれたと言われる。

横浜の愛書家たちが、いちいち東京の古本屋へ出かけていくのは面倒ということで、こちらから東京の業者を招いて始めたらしい。中心は東京書林連合会という和本の業者。だから、並んだのも和本が中心。

徐々に東京でも同様の即売展が開かれるようになり、急激に回数が増えたのは関東大震災を契機とする。「関東大震災によって喪失した資料、文献、古書を収集する意欲が盛りあがって、それはやがて昭和初期の円本時代につながっていく」と八木は解説している。

「なんでもそうであろうが、このころはいわば古書展の開拓時代といってもよかったので、出す方も買う方も、元気いっぱい、活気があふれていた。いまから考えても、あのころほど楽しかったことはない。私どもからいって、出た品物、出た品物がみな珍しい。それが次々と新規な品が出るのであるから、会のある日の前の晩などろくろく寝ていられないほどだった」と書くのは、明治文学研究者の柳田泉。柳田らのグループが、このとき身銭を切って買い集めた本が、その後、円本全集の資料になったようだ。

関東大震災は、出版社や書店を押しつぶし、書物の供給ができなくなり、逆にそれで古本業界は活気づいた。このとき「古本に対する考え方が、古本屋も一般読者の間でも大きく変わったことは事実で、失われた資料を収集、保存することへの関心も高まった」というのだ。古本が書籍文化に多大な影響を与える。これで、古本が新刊の二次使用という狭い考え方とは、まったく違った文化を創造していることがわかるだろう。

昭和期に入って、東京の古書即売展の回数は急増していく。古書会館や貸席（会館以外の街場の会場）だけでなく、白木屋を始め、デパートでの即売展が増えていくのもこの頃だ。戦時下は停滞した古書即売展も戦後復活し、現在に至るというのが即売展史早わかり。八木の文章でうらやましいと思うのは、敗戦直後から神保町の靖国通り沿いに露店の古本屋がたくさん店を出していたというくだり。昭和二十五年三月末に、マッカーサー指令で消えたというが、一時は神保町周辺で三十数店、小川町方面に十数店（こちらは昼間だけ）の露店が出ていたという。

夕涼みしながら、露店の古本屋を冷やかしながら歩く、というのは体験してみたかった。

戦後第一回から新しい試みまで

田村七痴庵《ななちあん》（田村治芳のペンネーム）による「古書展がいっぱい」（『彷書月刊』二〇〇六年四月号）に、戦後最初の古書即売展に関する記述がある。

戦後第一回の古書即売展は昭和二十年十二月二十六・二十七日。早いですねえ。「復興第一回新興古書展」と名づけ、場所は神保町一丁目の「西神田倶楽部」で開かれた。出店は七軒で、出した商品の七割が売れたというからすごい。田村はこの「七軒」を「七人の侍」と呼び、「七割」売れたことを「七にちなんでいるのかね」とおどけながら驚いてみせる。

昭和二十三年八月に東京古書会館が再建され、そこからいまのような古書会館における即売展も始まった。

同じ号で中野書店・中野智之が、執筆時点で六回目を迎えた「アンダーグラウンド・ブックカフェ」のことを書いている。これは通常の会場で開かれる古書展ながら、臨時カフェを併設し、より若い世代（これまで古書展へ足を運んだことがないような）を呼び込もうと企画された。並べる本の数は通常の五分の一、あるいはもっと少ない。スペースを広く取り、ビジュアル本などは面陳（本の表紙を見せる陳列方法）でゆったり並べるなど、会場のレイアウトも斬新だ。

本に囲まれたイベントも「書物関係の展示が五回、映画上映二回、映画関係トークショー三回、文学系トークショー七回、コンサート一回」を敢行し、会場をギャラリーにしての写真、絵画の展示販売も行った。私も呼ばれて作家の角田光代さんとトークをし、客としても足を運んだ。これまでの「古書展」の常識を打ち破る、バラエティに富んだ試みに大きな期待を持ったが、いまは中断。ぜひ再開してもらいたい。

魅力と利点

最初に即売展へ行く人は、二日開かれるうちの、初日の午後がいい。行けばわかるが、開店の十時に合わせて駆けつけると、長蛇の列、あるいは群がる人たちの熱気に圧倒されてしまう。怖れをなす、と言ってもいいだろう。初心者なら、初日午後、あるいは二日目でもじゅうぶん楽しめる。

即売展の魅力は、珍しい本がたくさん出ること、そして安いということに尽きる。

目録やネット販売の難点は、現物が直接見られないことだ。その本の状態を言葉でなるべく細かく、誠実に記せば記すほど、いい本じゃなくなってくる。ほとんどの本は「古本」である以上「経年によるヤケ」ができるものだが、目視できないから、そう書く。「全体に汚れあり」「小口にシミあり」「表紙の一部に折れあり」などと、商品の難点をあげつらうことになってしまう。そんな商売は珍しい。

ある本を検索したら、某古書店では「経年黄ばみジミ、線引き、書き込み、少キズ、開き癖、小口天地黄ばみ、薄汚れ、表紙汚れ、シミ、焼け、キズ有、裸本」と表示してあった。よく、これだけ商品の悪口が言えるなあ、と感心する。本は読めればいい、とは言っていても、これではいくらなんでも手が出ない。そして、注文してみると、これをよく商品としてネットで売ろうとしたな、と憤るぐらいひどい本だったり、逆に、言われてみればなるほどあちこち難はあるが、なんといっても昭和初期の本だし、本文は普通に読めるからじゅうぶんだと思うこともある。手に届くまで現物を見られないことによるトラブルも多い。

それが、即売展なら、自分の目で確かめることができる。自分で納得すれば買う、納得できなければ買わない、の判断ができる。しかも個人経営の古書店での、店主との気詰まりな緊張感はない。自由に気兼ねなく、いろんな本を手に取り、思うがままに点検できる。買ったほうがおもしろいが、一冊も買わなくても勉強になる。本をたくさん目にすること、触ってみること（もちろん、扱いは慎重に）、これほど古本道への近道はない。

熱心に見ていけば、一時間はあっという間だ。この種の即売展へ、もう何百回通ったか、数え切れないほどだが、それでも行けば、「へえ、こんなものが出ていたんだ」という発見が必ずある。見ても見ても見尽くせない古本たちが、次々と目の前に素知らぬ顔で現れる。こんな楽しいことが、ほかにあるだろうか。ないだろうなあ。

即売展での注意点

たいてい二日間（東京古書会館での「新宿展」は三日間）開かれる即売展は、このうえなく楽しい空間ではあるけれど、誰かがここを「国技館」と呼んだように、殺気立った者たちの勝負の場であることを留意しなければいけない。

押しただろう、ぶつかった、横から手を伸ばすな、などに始まる、いい大人の小競り合いはしょっちゅうのこと、私は見ていないが、「表に出ろ、この野郎」と騒ぎになったこともあるとか。私の若き友人、荻原魚雷くんなど、五反田の即売展でおとなしく本を見ていたら、いきなり見知らぬ人に「邪魔だ、どけ」と言われたという。いまだに、その屈辱を昨日のことのように唇を震わせて語るのだ。

とくに近代文学関係の良書が処分価格で出る**あきつ書店**が出品する「書窓展」（通称〝まど展〟）、**扶桑書房**が出品する「趣味展」「和洋会」の初日午前中はすごい。

お目当ての棚を目ざし、開店の合図があるや脱兎のごとく駆けつけ、たちまち二重三重の人垣ができる。あとから来た者はそのスクラムを突破しないと、欲しい本が探せない。なかには、自分の目の前のエリアを死守し、次々と戦利品を積みあげ、権利を譲らない人もいる。

「紳士たれ」と言っても、蒐集に命を張っているような人もいるから仕方がないのである。殺気立った雑踏がイヤなら、くり返すが午後から、あるいは二日目の登板をおすすめする。

私は初日の定時から参戦することをあきらめたが、それでも会場でしょっちゅう人とぶつかる。そのときは間髪入れず、自分からまず「すいません」「失礼しました」と謝る。謝るが勝ちなのだ。いったい、一回の即売展行きで何度謝ることか。私はこれでも今年六十になるが、古書の国技館では政界と同じくまだまだ若造。たいていの客が年上だから、相手を立てるに越したことはない。あんまり脅かすと行く気が失せるかもしれないが、「謙虚」は人生においても知っておいたほうがいい徳目ではある。

私はこんな本を即売展で買っている

四の五の理屈を並べても、即売展に並ぶ本の実体はつかめないだろう。これまで、私が各古書会館でどんな本を買ってきたか。少し、紹介してみる。

最近買ったなかで、これは自分にとって、いかにも即売展らしい本だったと思うのは、『ナンセンス・ジャパン』（千倉書房／昭和五年）という本。背に「ナンセンス・ジャパン」と書き文字でタイトルがあったのを見て、何かを感じたのだ。背の古び方やデザインから、大正から昭和戦前の本だと推定できる。まずはストライクゾーンの本だ。棚から抜き出して表紙（ただし、裸本といってカバーも函もない）を見ると、「報知新聞『一日一題』」とある。著者名はない。ここで値段を見ると千円。これを高いと思うか安いと思うか。私は

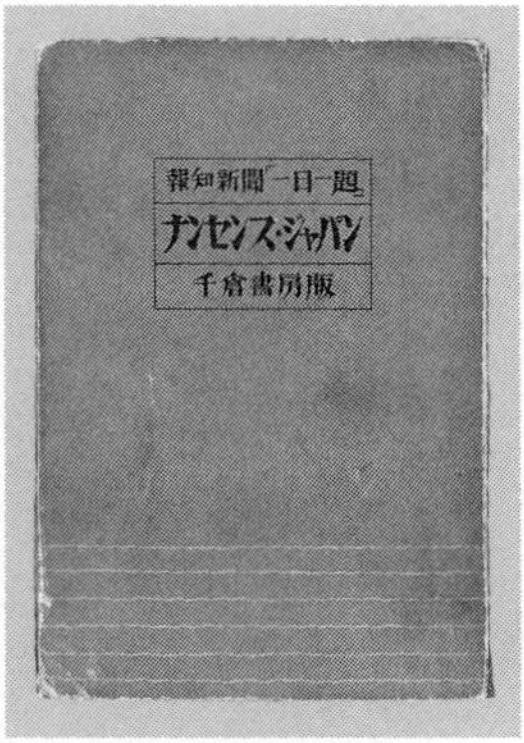

報知新聞社調査部編『ナンセンス・ジャパン』（千倉書房、昭和5年、初版）

この値段なら買えると踏んだ。

著者代表は左近益栄。序を見ると、『ナンセンス・ジャパン』は第三談話室でありますと左近が書いている。「なあんだ」とここでようやくわかった。報知新聞には「談話室」というコラムがあった。一日一題、記者が日常で見聞きしたことを、軽妙に短くまとめる長期連載だ。「序」にはもう一人、寺田瑛の名前があり、「談話室」について書いている。

この寺田瑛を著者とする『談話室』という本を始め、のち「不連続線」と名を改め、続く同様のシリーズを、私はすでに何冊か持っている。「談話室」「不連続線」シリーズは、少なくとも十冊は出ているのではないだろうか。これが、じつに私好みの本なのだ。

たとえば、本文半ばの「西洋煙草」。一編が六百字程度か。「止むを得ない義理で、友人から『ウエストミンスター』の五十本入りの缶を買わされた」男が、見せびらかすために、カフェへ出かけていく。女給たちの前で、「気障《きざ》な手つきで、つまみ出し」たのはよかったが、たちまち「あら、あんた西洋タバコ召上がるの」「一本頂戴よ」「私にもね」と、たちまちみんなに取られてしまった。「そんな位なら、家や会社で飲めばよかったと思ったときには遅かった。銀座あたりによくある話である」と締めがあり、それだけ。

そのほかにも、たわいがないといえばそれまでのような話ばかりだ。ただ、この話でも、戦前の洋モクが、いかにふだんは手が届かない高級品だったかがわかる。「ウエストミンスター」はイギリスの両切りタバコで、四角い缶に入っていた。澁澤龍彦が子どもの頃、父親からもらった、このウエストミンスターの空き缶に、ガラクタを入れていたとエッセイに書いている。

「広告」は、街角で見かけた看板広告の話。「同じ広告でも高円寺の目抜にある『まずくてたかい京染屋』や、大久保駅の近くの『いつもあたたかいいばらきやの氷』という看板などは、裏の効果を狙いながら、少しも効いていない。『正札屋』とか『まからず屋』なども古い」なんて、奇手を批判している。これなども、写真で示されないかぎり、ちょっと資料として残りそうにない、貴重な都市風俗の記録だ。

同様に「深夜の客」は、夜中の二時前、東京からの最終電車が着いたあとの横浜駅前をスケッチしている。タクシー乗り場に、二、三人「乗るらしくもあり、乗らないらしくもあり」辺りを窺っている。そのうち「鎌倉行きの方はありませんか」と一人が叫ぶ。つまり、同じ方向へ行く相手を探して割り勘で乗ろうという魂胆なのだ。ここでも「横浜から鎌倉へのタクシーは、幾人乗っても壱台六円」と書いてある。

こういうなんでもないような話が、いまとなっては楽しい。この時代を舞台に小説を書こうとする者にとっては、リアリティーを持たせる宝のような話ばかりだ。寺田瑛は駅伝創設にも関わった人物で、スポーツ関連の著作も多い。学校では教わらないが、まことに興味深い名前の一つだ。

安さにぎょうてん

この「談話室」および「不連続線」シリーズは、普通の町の古本屋では、ほとんど見ることがない。私が入手したのも、すべて古書会館の即売展。この手の本は、ふだん店の棚に挿してあってもなかなか動かない。一般客がおよそ興味を示さない類の本だからだ。ところが、即売展へ来るのは、プロの業者およびセミプロ、研究者、古書マニアがほとんどだから、ひねった本、癖のある本、一瞥では何だかよくわからない本でも、誰か一人がおもしろければ取引は成立するわけだ。

高いものなら数十万円の本から、安いものは百円で買えるのが即売展の魅力で、総じて「安い」のがうれしい、というのが、私の即売展の使い方だ。五百円を上限にどれだけ本が買えるかを、最近行った高円寺（中央線展）で試してみた。戦利品を並べてみる。

百円で買った本

尾崎一雄『閑な老人』（中公文庫）、小学館名作文庫『あしながおじさん』、太陽「特集人生劇場」、吉田健一『文学の楽しみ』（河出書房新社）、丸谷才一・和田誠『猫のつもりが虎』（マガジンハウス）

二百円で買った本

正木不如丘『ゆがめた顔』（現代ユウモア全集、裸本）、E・ケストナー『人生処方詩集』（ちくま文庫）

二百五十円で買った本

吉田健一『思ひ出すままに』（集英社）

三百円で買った本

雑誌『GS　2』（冬樹社）、山川惣治『少年王者　第一集』（集英社、復刻版）、R・

ラウド『ゴダールの世界』(竹内書店)

三百五十円で買った本

『KAMI: The History of Oji Paper』(王子製紙株式会社)

五百円で買った本

『クリエイターズ　長大作　細谷巌　矢吹申彦』(世田谷美術館)

十三冊買って、二千九百円。どうです、なかなかのものでしょう。あるいは、しょせんこの程度かという意見もあるだろう。ただ、ここに挙げた本を、普通に町の古本屋さんで買うとしたら、この倍から三倍、四倍の値段がついていることが多い。やっぱり、即売展は総じて安いのだ(このほか、落語のCDがたくさん出ていて、桂文珍、月亭八方など上方落語を中心に五枚買っている)。

古本の釣果としてはまずまず。だいたい十冊は買わないと満足しない。それで、総計が二千円から三千円の間、というケースが多く、いかに日ごろ、即売展で安く買っているかがわかるだろう。

もちろん、高い本はいくらでもある。ただ、高い本がいい本とは単純に決められず、買いやすい値段で、まだまだ自分が欲しい本がたくさんある。それに、これは企業秘密だが、私の場合、第8章で紹介する「一箱古本市」や、古本屋の棚を借りて古本を売っているため、いま、古本を買う半分以上は「仕入れ」という感覚なのだ。それでバカ買いが加速した一面がある。卑下はしていないが、けっしてほめられた買い方ではない。

こういうところに目をつける

先に挙げた本のなかで、なんでこんなものをと思う向きもあるだろうから、少し解説を加えておく。一度の即売展で二万冊以上の本が並ぶと思われるが、そんな大量の本の海で、溺れず、買う買わないを判断しているのは、自分なりの基準があるからだ。私は、古本を買う際に、こういうところに目をつけている。

『あしながおじさん』は、小学館から昭和四十年代に出た少年少女向けの名作全集の一冊。この手の児童ものは、ほとんど仕入れ。どこを見るかといえば、挿し絵画家をチェックする。のちに有名になった画家やイラストレーターが、若き日に手がけた仕事であるケースが多い。和田誠、長新太《ちょうしんた》、横尾忠則、宇野亜喜良《あきら》などが人気。この本の挿し絵は、田村節子（のち、セツコ）。水森亜土、高橋真琴などと並んで、七〇年代の少女雑誌で活躍した。当時、少女だった女性には涙もので、いまの乙女にとってはレトロモダン。「一箱古本市」などで、買い手を見定め、「これ、田村セツコだよ。本のデザインは田名網《たなあみ》敬一」などとセールストークをすると売れそう。

吉田健一を二冊買っている。日ごろ家では、そんなに熱心に読むわけではないのに、それでも吉田健一はかなりの数、持っている。不思議なことだが、古本屋の棚や、こうした即売展や古本市を覗いて、ふと見つけると読みたくなる。帰りに喫茶店へ入って、パラパラと四、五ページ読むだけでも、すっかり気分がよくなる作家なのだ。もちろんこの二冊はすでに持っているから、売りに出す。

ケストナー『人生処方詩集』は寺山修司も愛読したが、品切れ中で、いま人気のある一冊。アマゾンのマーケットプレイスで一時、五千円ぐらいついていて、びっくりした。雑誌『GS』第二号は一九八四年十一月発行。冬樹社、造本装幀の戸田ツトム、編集人の浅田彰・伊藤俊治《としはる》・四方田《よもた》犬彦という固有名詞の並びに時代を感じる。〝ニュー・アカ〟の墓石とも言える……なんてことも考えながら買う（〝ニュー・アカ〟は〝ニュー・アカデミズム〟の略。一九八〇年代に流行した思想・哲学の潮流）。

『KAMI: The History of Oji Paper』（二〇〇四）は展覧会カタログみたいな大判の本。明治維新直後に「抄紙会社」の名で創立された、日本を代表する製紙会社「王子製紙」の社史だ。各時代の工場風景や、なにより同社が扱った百数十年間の紙製品（薬袋、カフェマッチ、かるた、紙芝居、駄菓子ブロマイド等々）が、カラー写真で展開しているのが楽しい。本来は函入りで、完本ならとても三百五十円で買えるようなものではない。

……とまあ、本棚を前に、古本を触っている姿はいかにも静かで、風のない日の湖面のようだが、その水面下では、ああでもないこうでもないと頭のなかはすさまじく活動している。古書展へ通っているかぎりはボケないのでは、と思わされるほどだ。

古書展目録との対話

目録ではめったに買わない私のところにも、各即売展の目録はよく送られてくる。色鉛筆片手に、目を引くもの、金があり余るほどあれば欲しいものなど、チェックしていくのは楽しい。スタイルとしては競馬の予想をしているみたいだが、集中度もたぶん同じくらい。私はよく風呂場へ持ち込んで、湯につかりながら目録と対話している。つい長風呂になってのぼせるので注意が必要。

これら目録は最低でも開催日の二週間前には送られてきて、客はチェックした後、狙いを定めて注文を各店に出す。抽選結果は当日、会場へ問い合わせるなり、足を運ぶなどして確認する仕組みになっている。

なにしろ、東京ではひんぱんに即売展が開かれているし、知り合いの古書店が個人で出す目録が届くこともあり、月にすると大変な数になる。これらをいちいち保存するわけにはいかない。残ったうちの一冊が、至近に開催される二〇一一年十月七・八日に東京古書会館での「城南古書展目録」。ここから、買い時は何か、値のつく本は何かを考えてみる。

「城南展」に参加する店は以下の通り（二〇一一年十月段階）。**新日本書籍**（神田神保町）、**二の橋書店**（町田市鶴川）、**ハーフノート・ブックス**（さいたま市浦和区）、**文雅堂書店**（江東区新大橋）、**古書いとう**（世田谷区池尻）、**とかち書房**（神田神保町）、**高尾文雅堂書店**（八王子市初沢町）、**キヌタ文庫**（世田谷区成城）、**立石書店**（新宿区西早稲田）、**青梅多摩書房**（青梅市千ヶ瀬町）、**明理書店**（品川区東大井）、**志賀書店**（江戸川区江戸川）、**佐藤藝古堂**（埼玉県富士見市）、**鳥海書房**（神田神保町）、**五十嵐書店**（新宿区西早稲田）、**氷川書房**（葛飾区青戸）、**ぶっくす丈**《じょう》（東村山市萩山町）。東西南北、じつに広範囲に散らばる店が、選りすぐりを抱えて、一ヵ所に投入する。これが即売展のすごさだ。しかも、各店専門分野があり、短時間で労せずして、それらを実見できる。勉強になりますよ、ほんとに。

さて、今回の目録でまず目を引いたのが「二の橋書店」の「半期に一度　全集大廉売」。目録は一ページ二段で、一段が二十六行。一点の説明が一行にすべて収まれば、一ページに五十二点を掲載できるわけだ。「二の橋書店」は全部で三段分を、全集、シリーズものに費やしている。驚くのはその安さだ。

堀辰雄全集が二千五百円、中島敦全集が二千五百円、志賀直哉全集が三千円と聞くと、昨今の古書事情を知らない方だと、一冊の値段かと思うだろうが、これがそれぞれ、堀は全六冊、中島は全三冊、志賀は全十五冊に別冊つきの値段なのだ。同様に、夏目漱石全集（岩波書店／昭和五十年）全十八冊が七千円、芥川龍之介全集（岩波書店／昭和五十四年）全十二冊が三千円、太宰治全集（筑摩書房／昭和三十一年）全十三冊が三千円、永井荷風全集（岩波書店／昭和四十六年）全二十九冊が三千五百円、大岡昇平全集（岩波書店／昭和五十八年）全十八冊が五千円等々。ケタが一つ違うんじゃないの、と目を疑うだろう。

近現代作家を全部揃えて三万円弱

いま、これらの全集の金額を総計したら、三万円弱で近現代の重要な文学者の残した仕事がすべて手に入ることになる。新幹線で東京から新大阪まで往復し、車内で幕の内弁当とビールで楽しむ程度の値段だ。そう考えたら、いま、椅子からちょっと腰が浮いてしまった。たとえば太宰治なら、新潮文庫で出ている太宰作品をすべて新刊書店で揃えるより、全集を古本で買うほうが安い、ということになる。

五十代以上の文学部卒業の人たちは、かつて学生時代、古本屋のいちばん上の棚にずらり並んだ文学全集を、その値段の高さとあいまって、羨望の眼差しで見上げた経験があるだろう。しかし、いまや床に積んで埃をかぶっているのが個人の文学全集なのだ。私は文学部出身で、卒論に志賀直哉を選んだが、いま三千円という全集に五万円以上の値がついていた。これが、貧乏学生の身では、清水の舞台から飛び降りるつもりになっても買えず、岩波の新書版の全集を古本屋で揃えて代用したことを覚えている。三千円なら一晩の飲み代だ。

なぜ、これだけ全集が安くなったかと言えば、理由はいろいろある。古本の文芸書全体における歯止めのかからない下落傾向。文学の個人全集をありがたがるような教養主義の崩壊。家のなかにモノが増えすぎて、置く場所がないという理由も大きい。あと、漱石、芥川、志賀、太宰級の作家は、そのあとも新資料などを増補し、新版が何度も出ている。特別な愛好家や、その作家の研究者は新しいものが必要となる。古い版は持っている意味がなくなるのである。

ただし、一般の読者にとって、新資料や新研究はそれほど重要ではない。一人の作家を丸ごと所有し、じっくり一生をかけてつきあうというのは、じつにいい趣味だ。ほとんどの人は旧全集でじゅうぶんだと思う。あとは場所さえあれば、という問題に尽きる。

昭和三十年、四十年代に各出版社からひんぱんに出た日本文学全集、世界文学全集の類も同じで、どれか一種、ひと揃いあればどれだけ便利かとよく思う。代表的作品はもちろん、年譜から作者の生涯、解説や参考資料などが巻末にあるから、その作家のことを調べたいとき、事典替わりに使えるのだ。

本書の版元だからゴマをするわけではないが、日本文学でひと揃い持つなら中央公論社（現・中央公論新社）から昭和四十五年に出た「日本の文学」全八十巻だ。判型も小ぶりで、挿し絵もふんだんに使われている。月報の解説が対談形式になっているのも楽しい。これが「二の橋書店」目録では四千円。おそらく、これを自宅へ送ってもらう場合、遠隔地なら八十冊分の宅急便の料金のほうが高くつく。日本文学は宅急便代に負けている！

昭和三十年前後生まれの押し入れを探せ

個人全集ものでも別格でいい値段がつくものもある。同じ「城南古書展」目録で探せば、『柳宗悦《やなぎむねよし》全集　著作篇』（筑摩書房／昭和五十六年）が全二十二巻（二十五冊）で七万八千円。これは、ほかに代替となる著作集がない、ということだろう。『宮川淳著作集』（美術出版社／昭和五十五年）が全三冊で二万円。「函少ヤケ・函天少シミ　月報貼付」と状態、条件がよくないのにこの値段。『樋口一葉全集』（筑摩書房／昭和五十三年）全四巻が一万五千円といったところがこの目録では目についた。

全般にいま高いのは、肉筆もの（作家の生原稿、書簡、書画など）や資料価値のある雑誌、モダニズム文献、探偵小説、写真集など、と聞く。おもしろいのは「ハーフノート・ブックス」が掲載している「戦前・戦後鉄道乗車券類」で、明治の終わりから大正、昭和初期、戦後まもなくまでの鉄道切符や記念切符などが、安いものだと二千円から、高いものには八千円以上の値がついている。いちばん高いのは昭和十三年の播丹鉄道「貸切乗車券」で、一万五百円。播鉄社から谷川まで、歩兵第二〇聯隊《れんたい》大人八十人が乗車したことがこれでわかる。古書価がつくのは、中身もさることながら、稀少性とマニア・コレクターがどれだけいるかが条件となる。鉄道はマニアが多いから合格だ。

ミステリの児童書なども、ここ二十年ぐらいの間に古書価がついてきたものではないか。「青梅多摩書房」は、児童書や大衆文学に強い本屋さん。目録には巻頭に、昭和四十二年から四十五年にポプラ社から出た「名探偵シリーズ」全十五巻を、一括なら十一万で、分売なら個々に値段がつけてある。いちばん高いのが高木彬光《あきみつ》(岩井泰三画)『消えた魔人』の一万八千円、次が海野十三《うんのじゅうざ》(沢田重隆画)『美しき鬼』の一万五千円。この二冊の値段で、さっき挙げた近現代作家の個人全集が全部買えてしまう、と嘆いても仕方がない。需要と供給のバランスでついた値段だからだ。

怪獣もののパンフレットや『少年』『少年ブック』『少年画報』といった、戦後に出た少年誌は大変人気が高い。もし、昭和三十年前後に生まれた息子を持つ家で、勉強部屋をそのまま残していたら、押し入れを探してみるといい。手つかずなら、昔読んでいた雑誌や児童書など、いまや「お宝」となっている可能性がある。

そのほか、戦後まもなく出た『探偵少年』『少年ロック』『冒険クラブ』『冒険世界』などに、のきなみ二万八千円という高値が！　これも戦後の混乱期に出た雑誌類で、その後の高度成長期に処分、廃棄された可能性があるため、稀少性が高い。乱歩、海野十三、香山滋、野村胡堂、山中峯太郎といった大物作家が執筆している点でも、マニアにとってはぜひとも欲しいアイテムになるわけだ。

「青梅多摩書房」は、大正十六年の雑誌フロクかと思われるが、「火星国探検競争双六」（樺島勝一画）と「東海道中双六」（宮尾しげを画）に二万円、「万人熱狂キング双六」（岡本帰一画）に一万五千円をつけている。紙ものでは、雑誌フロクなどの「双六」も人気で、二万円、三万円があたりまえ。ここで「大正十六年」は誤植か、と思われるかもしれないが、ご承知の通り、大正十五年は十二月二十五日をもって改元され昭和となった。正月号だと前年の十二月に発表され、制作は十一月だから、改元が予測できなかった。だから、「大正十六年刊」という雑誌は珍しくないのだ。古本を触っていれば自然と物識《し》りになる。

デパート展その他

また、古書会館で開かれる即売展以外にも、デパート、神社、広場などで、さまざまな古本市が催されている。こちらは前者に比べ、一般客を取りこみ、敷居は低くなっている。

「読書の秋」と名づけられ、毎年、本に関するイベントが増えるのが十月、十一月だが、九月の終わりから十月末まで、いったい全国でいくつ即売展や古本市の類があるかと思って調べたら、二〇一一年は九月二十六日から十月一日の「新橋古本まつり」（新橋駅ＳＬ広場）から始まり、十月二十九日から三十日の「反町《たんまち》古書会館展」（神奈川古書会館）まで、なんと二十二の催しがあった（「日本の古本屋」調べ）。そのうち十八が東京および神奈川、埼玉の首都圏の開催である。

十月一日から十六日、同月二十日から二十三日は、横浜の新刊書店「有隣堂本店」が別館などを使って一般客向けの古本市を開く。「リブロ池袋本店」は西武百貨店の別館二階で定期的に古本市を開いていたが、「リブロ」が閉店。のち「三省堂書店」

が入った後も、古本市は継続している。早稲田の古書店が共同して、高田馬場駅前にある「ビッグボックス」で開く古本市は、同じく早稲田の穴八幡《あなはちまん》神社での「早稲田青空古本まつり」とともに歴史が長い。

一月は「銀座松屋」、夏は「京王百貨店新宿店」(現在はなし)と「東急東横渋谷店」で、これも長らく続くデパートのフロアを使った即売展がある。いま「即売展」と言い換えたが「古本市」と同じ意味だと考えていただきたい。

大阪では、四天王寺、天満宮と寺社の境内を使って、大規模な古本市が開かれる。十一月になれば、ここに京都の知恩寺での古本市が加わり、まさに秋は古本市の季節となる。

これら、より一般客向けに開かれる古本市は、古書会館での即売展とは違うのか？基本的には違いはない。ただ、公共の場所という点で、並べる商品が、より買いやすく一般的なものが多くなる。だからといって、いわゆるブックオフでも買える白っぽい本ばかりかと言うとそんなことはない。マニアはデパート展のときでも、初日のデパート開店時の前に並んで、できるだけ早く会場へ駆けつける。なかには、会場へいちばん近いエレベーターを調べて、しかも乗るときはなるべく遅く乗るという手を使う。つまり、目的階で扉が開いたとき、いちばん早く飛び出すことができるのは、ドア前の位置だからだ。ご苦労さま。

残念ながら今はない、夏の「新宿京王」古本市は、当時「東西老舗大古本市」と銘打たれたごとく、大阪、京都、奈良などの有名な古本屋さんも参加されていた。東京にいながら、西の古本を見ることができるのがおもしろい。参加する店は、デパートでは背広、ネクタイ着用が厳守なので、いつも身なりをかまわない印象の御店主の、きゅうくつそうなネクタイ姿を見るのが秘かな楽しみである。

かつて、「デパート展といえば伊勢丹新宿」と言われたほど、活気と熱気にあふれていたが、十年以上前に中止となった。普通、デパートの催し物会場は七階とか八階とか最上階近くにあり、そこを訪れた客が下のフロアへ降りていくとき、ついでに買い物をする「シャワー効果」が期待されるものだが、古本を買う客はネクタイ一本どころか、レストランで食事もしないことがわかった。それだけが理由ではないだろうが、会期中一億円を売り上げるという優良催事が打ち切られたのは、古本ファンとしてはショックだった。

デパート展では、古書会館の即売展と違って、会場がめちゃくちゃ広い。並ぶ本の量も硬軟合わせて半端な量ではない。これを心血注いで、端から一冊一冊見ていった日には、途中で気を失ってしまう。目も首も疲れる。マンガ、ビジュアル本、あるいは資料本や専門書は、パッと見ただけで、それとわかるものだ。自分が欲しいジャンルの本を見定めて、あとはなるべくスルーするのがコツ。または、途中休憩を入れたほうがいい。また、初日の午前中はレジ前に長蛇の列ができるから、これも注意。

町の古本屋巡りだけでは物足りなくなって、こうしたプロやセミプロ、研究者も集う、ちょっとランク上のステージへ通いだせば、あなたも本物。「古本道」がかなり身についてきたことになる。首筋や肩が凝るのもかまわず、古本を追いかけ回す日々の途中に、「ああ、俺も買うだけではなく、売る側に回ってみたい」という気持ちになってくるのだ。

コラム　達人に学べ！ ❼

山本善行

いい古本はチョコレートの匂いがする

かつて加藤茶が「全員集合！」のなかで、ハゲづら、丸めがねをかけて「あんたも好きねえ」と言っていたが、『関西赤貧古本道』（新潮新書）を読むと、同じ感想がもれる。ほんと、高校時代からの友人である山本は古本が「好き」なんだ。

「自慢じゃないが、金はない。しかし、３６５日古書店通い。ねらうは安い、面白い、珍しい」と帯にあるが、その理由がよくわかる。なにしろ、昭和十一年に出た「手帖文庫」を論じて、「こんな小さな一冊でも、生意気にも、古本のいい匂いがするのだ。あのチョコレートのような甘い匂いが」と書く。冷静に考えて、七十年も前に出た本が、乙女の好きな「チョコレートの匂い」がするわけはない。つまり、これが山本の古本への強い愛情なのだ。

なにしろ、「この三十年、３６５日古書店通い」してきた著者のことだから、古本の買い方のバリエーションも、限りなく広い。「第二部　応用篇」では「検印紙のはなし」をぶつける。戦後の出版物にもしばらく残されていた、奥付に貼る切手のような紙が検印紙。著者の印鑑が捺されている。著者に伝えられる部数と実売の齟齬《そご》をなくすため、証明の手段として使われたみたいだが、あまりの煩雑さに廃止された。

古本好きが高じて古本屋になった山本は、珍しい検印紙を見つけると、中身とは関係なく買ってしまう。京都の出版社「甲鳥書林」の検印紙は、とくに「大きくて、どっしりしている」のが魅力的で、検印紙目当てに買ううち、三種あることをつきとめた。買った本はすべて読まなくてはいけない、などと教条主義的に「古本」を狭く考えている人の横っ面を張り飛ばすような、自在な逸脱ぶりである。

そんな全身全霊の古本巡りの日々の果てに、「夢の世に葱を作りて寂しさよ」などの前衛的な句で知られる俳人・永田耕衣が、感想やメモを書き込んだ岩波文庫『一遍上人語録』を入手してしまう。岩波文庫『一遍上人語録』はおそらく数万部流布しているが、永田耕衣が書き込んだのはこの一冊しかない。ここに、古本探索にはテクニックは不要で、ひたすら願う「執念」が必要であることがわかる。

私小説作家・上林暁《かんばやしあかつき》への一途な愛情など、彼が並々ならぬ文学読みであることは、本書のどのページを開いてもわかるが、その出発は、大学受験のため読んだ国語の参考書に例文として引かれた小林秀雄の文章だった、というのもおもしろい。初発の「純情」をそのまま、古本に注ぎ込んだ男なのだ。

第8章
古本を売る、店主になる

イラスト／著者

捨てればゴミ、売れば生きる

電話帳などの古書店の広告には、たいてい「本買います」「高価買取」「誠実評価」などと書いてある。けっして「本売ってます」とは銘打たない。それだけ、古本屋という仕事は「買う」ことが大事であることがわかる。ところが、ブックオフが有名になった今ですら、古本屋で本を売っていることを知っていても、不要な本を処分するとき、買い取ってもらえる場所もあることを知らない人が多い。

「朝日新聞」(二〇一一年九月二十四日付け)土曜版「be」の「読み終えた本を手放せますか?」というアンケート企画におもしろい結果が報告されている。同紙アスパラクラブ会員へアンケートを実施、四一五〇人の回答者のうち、この問いに「はい」と答えたのが二九%。「いいえ」が七一%だった。意外に本を手放せない人の数が多い。もちろん蔵書量にもよるのだろう。本棚一本分程度なら、経済的にも空間的にも圧迫感がない。

「いいえ」と答えた人の理由ベスト三は、「愛着があるから」「読み返すから」「本は財産だから」と続くが、六番目に「処分方法がわからない」が二四五人いる。やはり、本を処分する方法としての「古本屋」の存在に気付いていない人がいまだにいる。

一方、「はい」と答えた人の理由ベスト三は、「保管場所がない」「保管は不必要」「図書館で借りている」。みな、本を置く場所に苦慮している。本をなるべく家に置きたくないようだ。また「処分方法」について聞いたところ、一位が「古書店に売る」、二位が「捨てる」。二位が「捨てる」とはけっこうショックだった。四位「新古書店に売る」、六位に「インターネット書店で売る」、七位に「ネットオークション」が入っている。一方で、一位の「古書店に売る」を合わせると、手放す意志のある人は、方法こそ違えど、不要な本が売れることを知っている。

アンケート結果のコメントも紹介されている。「捨てる」と答えた人のなかに、「売りに行ったら馬鹿らしい値段」だから、「ゴミとして捨てる。その方がさっぱりしていい」と書いた七十五歳の男性がいた。また「新古書店」の利用には否定的な声が多く、「本の価値を勘案していないみたいでいや」と五十五歳の女性が言う。

この記事には「愛するゆえの恨み節」と見出しがついているが、古着や家電を処分するときに比べて、本の場合は、心のハードルが高い気がする。「妻に言われ、単行本に酒をかけて涙ながらに捨てた。家内を捨てればよかった」七十七歳など、自己憐《れん》憫《びん》が強すぎてこっけいだ。

同じ記事の囲みコラムで、町田市の大型古書店「高原書店」町田店の店長が「本がどんどん捨てられる現状を憂えている。故人の蔵書など、眠ったままになっている本も『ぜひ生かしてほしい』」とアドバイスしている。

捨てればただのゴミだが、売ればまた市場に流通して、新たな人の手に渡り生き返る。古本こそ「リサイクル」精神を長きにわたって継承実践してきた賢者なのだ。

小遣い稼ぎの処分はあきらめろ

古本を売るのに妙手はない、と思う。ゴミで出せば無料、大量に処分するとなると逆に処分料を取られる。愛読書ならなおさら、手ズレや痛み、経年の古びは自然の摂理で、買ったそのままの状態ということはありえない。いま、古本の売り買いには、本の状態が重要視されるから、読み込んだ本は値段がつかないと考えたほうがいい。よく言われることだが、「一度、その本を買って、読んで楽しんだのだから、それでじゅうぶん」と思いなさい、ということだ。そうでないと、小遣い稼ぎに本を処分、などと考えたら、たいていがっかりするはめになる。

たしかに専門書や、一部の文学書や、いま人気の写真集は高値で買い取られることもある。樽見博『古本通』（平凡社新書）には「有利な蔵書処分法」という章がある。同じ段ボール数個の本でも、「ある程度テーマがはっきりしていた方がよい」と書かれている。たとえば、「百円とか数百円で出ると買い集めて読んでいた田中小実昌《こみまさ》の本を四十冊ほど市場に出品したら五万何千円かになって自分でも驚いてしまった」と、思わぬ「有利な蔵書処分」をした体験を披瀝している。田中小実昌、殿山泰司、色川武大《たけひろ》、あるいは純文学畑では後藤明生、小島信夫など、晩年あるいは死後に評価が高まって古書価が急騰した作家たちが、いるにはいるのだ。

しかし、そんな例は一部で、たいていは死んでしまったら、忘れさられて古本屋の棚からも消えていく。野呂邦暢《くにのぶ》、佐藤泰志といった純文学作家の本が、いま古本屋で人気があるが、十年前、彼らに古書価がつくなんて、誰も想像していなかった。古本の世界で突如潮目が変わることがある。それは誰にも読めない。読めないからおもしろいのだ。

東京・吉祥寺の古本屋**よみた屋**のホームページ（http://www.yomitaya.co.jp/）には「おじいさんの本、買いますキャンペーン」と掲げている。お父さんの本だと新しすぎる。おじいさん（昭和初期から明治末期）の人の蔵書なら、どんなものでも、何かしら査定対象になるというのだ。極端な話、その本自体はゼロ円だが、なかに挟まっていた当時の演劇のチラシ、あるいは国鉄時代の切符などに値がつく可能性がある、ということだろう。

また、同ホームページには「買取価格表」のページがあり、どの本をいくらで買い取るという値段を公開している。本来、これらは企業秘密のはずで、大変珍しい試みだ。見ると、一瞬、店での売値かと錯覚するぐらい高価だ。ご覧になれば、いま、どんな本に高値がつくか参考になると思う。

売る側にも知識と責任がある

また、唐沢俊一『古本マニア雑学ノート』（ダイヤモンド社）でも一章を設け、どんなふうに本を売ればいいかを、失敗も含む体験談を交えてくわしく語っている。たとえば、本を店に持ち込んで売る場合、いきなり行くのではなく、「少なくとも前日くらいまでに一度来店し、どのあたりの系統の本が大体何冊くらいある、ということを伝えておいてもらいたい」とアドバイスしている。その店にとって専門外の本なら、無駄足になるおそれがある。店が混んでいるときは遠慮せよ、とも書いてある。

店売りはせず、ネットと通販専門の福岡市東区**あしび文庫**は、買取に積極的な古本屋さん。買取に精出す日々をユーモラスに描いたブログを私は愛読している。メールや電話での買取の問い合わせがけっこうあっても、断るケースも多いという。

そこでこう書かれている。

「お断りで一番多いのが百科辞典《ママ》。これはもう今ではどこの店でも100%無理です。次に美術全集、なかでも「原色日本の美術」がダントツ。(版元は)どれだけ売ったんだか。昭和30、40年代の○○文学全集。『読んでないからきれいです』と言われてもねえ」。ほかにダメなのが「10年20年前のコミック。古い古いコミックはもちろん大歓迎」。ここで「古い古い」は、最低でも昭和四十年代ぐらいまでに出た、という意味だろう。買取における客と業者側の、本に対する認識のギャップというのもつねに起こる。

「それと面倒なのが、何の本なのか、どれくらいあるのか、いくら聞いてもわからない人。『とにかく色々たくさんあるから来てくれ』の一点張り。根負けしてお伺いしたら、カバーもない文庫二十数冊ということがありました」

これには悪いが笑ってしまいました。紙袋に詰めれば、文庫なら三十、四十冊は入ると思うが、その程度なら直接持ち込むほうがいい。もちろんカバーのないものは売り物にならない。自宅で最低数百冊以上あるときは、文庫、新書、単行本と仕分けて、二十冊単位ぐらいで床に積んでみることだ。本の種類と冊数がひと目でわかり、店へ伝えられる。あとは作家名、出版社名を告げる。これだけで、意思の疎通が相当違う。

雑誌などをバンバン出して新聞に大きな広告を打つ大手の出版社のものは、概して売るときは安い（もちろん、モノによりますよ）。「どんな出版社の本がありますか？」と古本屋に電話口で問われたとき、「ええと、みすず書房、白水社、青土社、筑摩書房、河出書房新社、工作舎、国書刊行会、せりか書房……」と言ってごらんなさい。話の途中で、「ああ、行きます、行きます」と、食事中でも店主が箸を放り出して馳せ参じるはず。間違いない。

「一箱古本市」の店主になってみる

蔵書を処分するのは、何も古本屋だけが窓口ではない。自分が一日店主になって、客を相手に本を売るという手があるのだ。「一箱古本市」とネーミングされた、フリマ式の素人参加型古本市がそれ。

始まりは、二〇〇五年四月二十日。ライターの南陀楼綾繁《なんだろうあやしげ》の呼びかけで、東京の不忍《しのばず》通りを中心に、古本屋や喫茶店などが軒先を提供し、参加者がみかん箱ひと箱分の本を持ち寄り、青空のもと販売した。これが定例化し、のちに秋にも開催、春は二日で各五十箱ずつ募集となったが、参加枠はすぐ埋まるほどの盛況ぶりだ。同時にさまざまなイベントが地元で開かれるなど「町起こし」的要素も加わった「本」好きイベントは、たちまち全国に波及し、二〇一一年の八月末から十一月末の四ヵ月で、なんと全国三十ヵ所で「一箱古本市」と名を冠した「古本」イベントが開かれるまでになった。現在は把握する限りでも約八十ヵ所に達する。

北は札幌から、山形、新潟、仙台、栃木、長野、名古屋、犬山、京都、大阪、奈良、神戸、米子、広島、福岡、佐賀、鹿児島と、過去に開催した街も広範囲におよび、仙台、長野、名古屋、福岡などはすでに毎年恒例となり、完全に定着した例もある。みな、参加した人たちが口々に言うのは、「買うより売るほう（参加したほう）が楽しい」ということだ。小さい頃、地面にゴザ（は古いか）を広げて、お店やさんごっこをした経験を大人のいま、本屋さんごっことして再体験する。自分の好きな本を、初対面のお客さんが買ってくれる。それは一つの評価であり、しかも値段の駆け引きががある。本を間に挟んで、見知らぬ者同士の会話があり、シンパシーが生まれる。

本家「不忍」の一箱古本市は、遠隔地から参加する人もいるほどの人気。交通費や宿泊費、参加費や実費を考えると当然ながら赤字になるわけで、利益を考えたらとてもやっていられない。それでも休日をつぶして参加するのは、本を媒介にした新たなコミュニケーションと、お祭り感覚のイベントの楽しさが共有できるからで、本にまつわる言説がどれも低調ななかで、この「一箱古本市」だけが元気という印象だ。くわしくは、ミスター「一箱古本市」南陀楼綾繁の著書『一箱古本市の歩きかた』（光文社新書）を読んでいただきたいが、古本屋志望者は、まずは地元の、あるいは本家の「一箱古本市」に参加してみるといい。どういう本が、どういう値段で売れるかが身をもってわかるし、客との応対についてもいろいろ勉強になるだろう。なにより、本をこれほど欲しがっている人がいて、これほど売れるものかと驚くはずだ。

私は「本家」と、豊島区雑司が谷・鬼子母神通りの商店街で開かれる「みちくさ市」に一回目から参加。「本家」では、参加者から一店舗選んで賞を贈るプレゼンテーターの役目もおおせつかっている。一回目に「岡崎武志賞」として選んだ「旅猫雑貨店」、二回目の「追分《おいわけ》コロニー」はそれぞれ、本当にその後、古本屋を始めてしまった。なかには、杉並区・阿佐ヶ谷の料理本専門の古本屋「onakasuita（おなかすいた）」のように、それまでネット販売専門だったのが、「一箱古本市」に参加して、対面で本を売る喜びを知り、実店舗を開いた人もいる（現在は、新宿区中落合で営業中）。

古本屋になるシミュレーションとして、「一箱古本市」は非常に手軽で、充実感も得られる絶好のシステムなのだ。

古本屋になりたい人が増えている

いま、日本全国に古本屋が何軒あるかについての正確なデータはない。全国古書籍商組合連合会加入店が約二千三百軒と言われている。そのなかには、店売りはせず目録やネット販売専門、あるいは買取だけで市場へ流す専門の業者も含まれる。可視化されない店もあるということだ。

また、組合には加入せず、ゲームソフトやCDなども売るリサイクルショップは浮沈が激しく、カウントのしようもないが、それも「古本屋」だとするなら、組合加入店の数倍はあるだろう。

しかし、いわゆる古典的なイメージの町の古本屋が減っているのは間違いない。そこだけ見れば廃れゆく商売のように見える。青森市内で平成元年から古書店林語堂を経営する店主がペンネーム喜多村拓の名で書いた『古本屋開業入門』（燃焼社）という本がある。ここに、青森市内の古本屋の現状について、十年前に三十店舗だったのがいま（二〇〇七年）では十店舗に減り、そのうち全国チェーンの大型店舗が七つを占め、従来の小さな古本屋は三店舗になった、と書いている。「売り上げも多くの店で最盛期の3分の2から半分ほどに落ち込んでいる」（「朝日新聞」二〇一〇年五月十六日付け「本の舞台裏」）とも言われるから深刻だ。

ところが、『古本屋開業入門』「まえがき」にもある通り、ここ数年、不思議なことに古本屋になりたい、という人の数は増えている。「古本屋開業講座」を開くと、すぐに予約で満員になってしまうというのだ。『彷書月刊』（二〇〇四年一月号）掲載の「二〇〇四年の古本屋」座談会でも、まず最初にその話題から入る。司会の田村治芳が「先日、北尾さんたちが催された『オンライン古本屋の作り方』（パルコ毎日新聞カルチャーシティ特別講座）はすごい人数が集まったんですってね」と口火を切ると、「一回目が七十人で定員いっぱいになってしまって、急きょ二回目を設定したんです。

それが四十人ぐらい」と、北尾トロが答えている。北尾は本職はライターだが、一九九九年よりインターネットで古本を販売するサイト「杉並北尾堂」を起ちあげ、その経緯を『ぼくはオンライン古本屋のおやじさん』（二〇〇〇年／風塵社、のち「ちくま文庫」）に書いた。この本は、その後急増するネット古書店を始める人たちにとってのバイブルとなる。

ネット古書店だけの話ではない。東京古書籍組合でも、何度か同様の講座を開き、いずれも盛況だった。つまり、古本屋そのものは緩やかに衰退しているのに、古本屋になりたい人は増えているということだ。先の座談会で**古書日月堂**の店主・佐藤真砂《まさご》は「古本屋の客より、古本屋になりたい人のほうが多いというのは、読者より作家になりたい人が増えているのと同じなのかな」と溜息まじりに感想を述べている。

やっぱり魅力的な職業

いや、もともと、本好きの男性にとって、退職後の憧れの職業として「古本屋」はかなり上位にあったはずだ。わずらわしい人間関係から解き放たれ、狭いながらも一国一城の主となり、好きな本を日がな一日読み暮らし、本好きのお客と文学談義に花を咲かせる。背中に音楽、口にはタバコ、膝には猫、見渡すと自分が好きな本に囲まれて、優雅に時を過ごして一生を終えたい。そんなふうについ夢見てしまう。

じっさいは、そんな甘いものではなく、「冗談じゃない。毎日埃まみれの重労働で、いつも本を売ることで頭がいっぱい。休みだってロクにない」と現役の古本屋さんならただちに反論するだろう。古本屋に憧れる人たちも、甘く考えているばかりではないと思う。ただ、そう見えてしまうというのも事実で、それならそれで、やっぱり魅力的な職業なのではないだろうか。私は知り合いに現役の古本屋さんも多く、一般の人よりは内実も私生活も知っているが、魅力的な職業であることを疑ったことはこれまで一度もない。

たとえば、同じ本好きでも、いまから新刊書店を始めようという人は、古本屋志望者に比べるとはるかに少ない。じっさい、本の流通や機構において、また資金の初期投資において、同じ本という商品を扱いながら、新刊書店と古本屋はまるで違う。駅からは遠い三、四坪の店舗で、五千冊の本を並べて新刊書店というのは考えにくいが、古本屋なら「あり」だ。もと新刊書店員で、古本屋に転向した例もいくつか知っている。独立して新刊書店を個人で経営することは非常に難しい。それに、新刊の洪水で泳ぎ疲れた彼らの目に、「古本」の世界が魅力的に見えた、というのも事実なのだ。
また、蕎麦打ちやパン屋のような修業を経ずに始められるのも、古本屋の大きな利点だ。

なるほど、難しいことを言い出せば、修業は絶対必要だ。神保町の専門店クラスになれば、古文書から洋書の値踏みをし、なまなかな学者が太刀打ちできないほどの深い学殖を求められる。しかし、簡単に言えば、いま部屋にある蔵書をかきあつめて道ばたに並べ、明日からでもできる商売が古本屋だ。じっさい、戦後、物資が不足し、まともな本が出ない時代には、戦災を免れた蔵書を戸板に乗せて駅前で売ればたちまち売り切れた。元手も経験もゼロの職業、というのは戦後の混乱期においても、そうはなかったのである。

ネット販売はなかなか難しい

いまならさしずめ「戸板」はインターネットか。ネット販売なら初期投資は、店売りの店舗を作るよりはるかに低い額で済む。インターネット古本屋の開業と運営については、前掲の『ぼくはオンライン古本屋のおやじさん』を始め、『古本屋開業入門』にも「通信販売篇」に半分のページを割いているし、古本うさぎ書林店主・芳賀健治『インターネットで古本屋さんやろうよ！』（大和書房）、文雅新泉堂店主・野崎正幸『駈け出しネット古書店日記』（晶文社）など、具体的で詳細な入門書が出ているのでこちらを参考にしていただきたい。ただし、「古本うさぎ書林」「文雅新泉堂」の両店とも、古書組合に入り業者市を利用し、即売展などでも活躍するプロの古本屋さんである。

じつは、私も自分の増えすぎた蔵書を、ネット販売してみようかと考えたことがある。古本屋へ大量処分するより、細々とでも自分で売値をつけて売れば、利益は高くなるだろうし、仕事の合間にできるのではないかと色気を出してみた。しかし、すぐに無理だとわかった。

まず、自分でネットサイトから注文した本が届いたのを見たとき、本体の商品をビニールおよび緩衝材で梱包し、そこに領収書となる伝票が印字されて（手書きの場合もあり）同封されている。郵送用に市販あるいは段ボール箱を再利用したパッケージにそれらを包み、宛名が書かれてある。

なんだ、簡単じゃないか。そう思われる人はだいじょうぶ、できます。私はその時点でちょっと腰が引ける。また、個人ではなく法人、もしくは大学の研究費で購入の場合は別種の書類が必要になる。ここで、もっと腰が引ける。

それだけじゃない。アマゾンに出品するにしても、自分でホームページを作り、古書サイトを作るにせよ、本の状態を含めた解説を一冊一冊につけなければならない。売れたら売れたで、すぐに在庫を確認し、客に返事を送る。これが遅れるとアマゾンなら評価が悪くなるというのだ。また、ネット販売のいちばんの難点が、本の状態について、いくらくわしく記述しても、本体そのものではないということ。これに文句がつく。送ったが、表示された状態とは違うとクレームが返され、それではどうぞ送料はこちらが持ちますから返品を、とそのやりとりの煩雑さを考えると、やっぱり二の足を踏むのだ。

ネット販売を一つのビジネスモデルとして割り切る

しかし、これも考え方しだいで、人海戦術で大量の古本を扱い、大きなビジネスにしている知恵者もいる。その代表例が、長野県上田市の「バリューブックス」だ。

私が日々更新、発信しているネットブログ「okatake の日記」(http://d.hatena.ne.jp/

okatake/）は「はてなダイアリー」というサイトを使用しているが、書く内容に合わせ、任意の広告がその都度掲載される。この広告料でサイト運営され、おかげで我々は無料で機能を使用できるのだ。私の日記は、当然ながら「古本」「古本屋」の話題が多く、その際、かなりの確率で挙がるのが「バリューブックス」。何しろ、年商十六億円というから、驚くしかない。

同店を取り上げた「朝日新聞」（二〇一六年八月二十九日朝刊、経済面）の記事を借りて紹介する。

「インターネットを通じて古書を売買する『バリューブックス』（長野県上田市）は、ネット販売の古本会社としては国内で最大級で、市内3カ所の倉庫に200万冊近い在庫を持つ。

市内の高校出身の中村大樹社長（33）が東京の大学を出た後、24歳で独立した。現在は約20人の社員のほか、倉庫で仕分け作業に従事するアルバイトが300人近くいる。直近の年間売り上げは16億円」

記事は、「チャポリン」という古本を寄付し、その売り上げが寄付につながる制度の導入で、「バリューブックス」が売り上げを伸ばしてきたという内容になっているが、そのことは措いて、相対的には低成長の古本をビジネスにつなげ、大きく成長しているという話が面白い。

ブックオフなど大型リサイクルショップへも行かない。古本屋と言えば、町の小さな個人店しか見たことがない。そんな人が聞けば、度肝を抜かれるような、古本を商品とした大型ビジネスが現在、いくつもあるのだ。

これがビジネスとして成立する裏側には、古本が、大事に保管されれば新刊と遜色ない状態で残り、新たな価値付けで、場合によっては商品価値が元より上がるという、特殊な商品であることが大きい。古くなれば、多くが役にたたなくなり、価値を下げる中で、本というメディアの融通性と優秀性を浮き彫りにするような話なのだ。

やるなら店舗を持とうじゃないか

たしかに割り切ってしまえば、古本も単なる商品の一つに過ぎない。店売りをやめてネットに移行した某古本屋さんの話を聞くと、ずっと店番が嫌いで、本の扱いを知らない客に腹を立てていたが、そのストレスがなくなり、ずっと快適になったという。時間もはるかに自由に使える。たしかに、一人で店番をしていたら、うかうかトイレにも行けないし、万引き防止にも目を光らせねばならない。

ただ、ネットも目録にも手を出さず、店売り一本で、他店がうらやむほど集客と売り上げ好調な古本屋さんがいて、彼はこう言う。

「そりゃあ、店売りのほうが楽ですよ。お客さんが欲しい本を自分でレジへ運んできて、その代金を現金でもらう。こちらは売れた本を袋に入れて、その場でお客さんに渡す。すべて目の前で起きるできごとで、不明なことは何もないし、トラブルも少ない。売れた本についてお客さんとのやりとりをすることもあるし、それがまた勉強になるんです」

私はどっちかと言われれば、こちらのほうに多くうなずける感じ。

店売りをしているメリットについて、もう一つ実例を挙げると、ジャズ喫茶の殿堂「ベイシー」のある、東北本線「一ノ関」駅からすぐの**虔十書店**を訪れたとき聞いた話。「虔十」さんは、あまりに売り上げが悪いため、一度店売りをやめた。ところが、店を閉じてネット販売専門にしたとたん、客からの買い入れが激減したという。店を開けていれば、古本屋の存在を認めて売りに来る客もいる。そのため、店売りは少ないのを承知で、また開け始めたというのだ。

とくに名を秘すが、人口四十万近い、誰もが知る観光都市の古本屋・某さんは、店売りだけでは食べてはいけず、夜間はビルの警備をするなどして生活費を稼ぐことでやりくりしている。これは拙著『女子の古本屋』に書いたからだいじょうぶだと思うが、倉敷市の古本屋**蟲文庫**の田中美穂さんは、店を始めてからもしばらく、郵便局などでアルバイトをしながら店を保持していた。「蟲文庫」さんは古書組合にも入らず、各種即売展やデパート市にも出店せず、ネットも目録もしていない。純粋形態の古本屋だ。

「ダメじゃないか、それでは」という人もいるだろう。そう、いまや店売りだけで食べていくのは非常に難しい。それでも、これから古本屋を始めようという人は、ぜひ店舗を持って店売りをしてほしい。これは古本屋巡りを無上の喜びとする客側からの勝手なお願いだ。

町おこしプロジェクトに応募する

地方都市を巡っていてすぐに気づくのは、駅前商店街および、旧街道に連なる店舗の疲弊である。「シャッター商店街」と呼ばれるごとく、かつてのにぎわいを他所に、沈黙した店が多いのだ。「地方創生」とは、お役所の掛声ばかりで、現実はかなり厳しい。

いや、これは地方都市に限った話ではない。一人勝ちと言われる「東京」でも、少し駅前を離れると、やっぱり人通りが絶え、閉じた店が目につく。しかし、これを逆手に取って、出店のチャンスと考える向きもある。

東京墨田区東向島の「鳩の街」は旧色街で、いまでも商店街のそこここに、その名残りを遺す造りの店構えが散見できる。しかし、すっかり繁栄からは取り残されてしまった。二〇〇六年十一月に、昭和初年築の薬屋をリノベーションした「こぐまカフェ」がオープンし、少し流れが変わってきた。昭和懐古、レトロブームに乗って、商店街を使ったイベントなどを開き、若者や観光客が足を運ぶようになったのである。いまはカフェと雑貨の店だが、「こぐまカフェ」は最初、古本を並べていた。古本カフェでもあったのだ。「近くには、幸田露伴邸跡、吉川英治邸跡、永井荷風ゆかりの街並、向島百花園、隅田川、向島花街、桜餅の長命寺、東京スカイツリー（徒歩約20分）など点在し、ぶらりお散歩、まちあるきも楽しめます。街の風景を楽しみながら、のんびりこぐまにお越しくださいませ」と、ホームページには集客を促進するガイドがされている。

この「こぐまカフェ」が一種の火付け役となり、「鳩の街100店プロジェクト」と名付けられた、地元商店街を活性化させる試みも始まった。商店会長の旗ふりで、空き物件を若い店主に使ってもらうため、「一年間テナント料無料」「内装費補助」の好条件をつけて、誘致を始めた。誰でもいい、というわけではなく、審査があるが、これにパスして出店したのが**右左見堂**《うさみ》という古本屋である。

まだ二十代半ばだった店主の右左見中道さんが、都内でテナント物件を探していたところ、このプロジェクトと出逢い、応募した。二〇一五年十一月に開業、「一年間テナント料無料」の時期は過ぎたが、そのまま現在にいたって営業を続けているようだ。

「鳩の街商店街」は、雑誌やテレビの散歩番組などで取り上げられるようになり、そこそこの集客が見込める街に変身した。平日の店売りは難しいかもしれないが、ネット販売との兼業なら、なんとかやっていけそうだ。

こういう例は、東京にかぎらず、他府県の自治体や商店街でもあるはず。意外なルートから、出店のチャンスが生まれるかもしれない。

団塊世代の開業に期待する

私は、二〇一〇年代にネット兼業で店売りもする古本屋は増えていくと考えている。その根拠は、ごぞんじ、団塊の世代の大量リタイア問題にある。戦後数年、空前のベビーブームが起きて、一九四七年から四九年の三年間で八百六万人もの子どもが生まれた。これが堺屋太一が名づけるところの「団塊の世代」で、安保世代でもある。それから六十年を経て、まだまだ元気な退職者が大量に世にあふれることになった。

ここで大切なのは、彼らが本や雑誌がいちばん売れた時代を支える「活字世代」だったこと。年輩の古書店主たちが「いまの学生はホンを読まない。昔はもっと」と嘆く対象はここを指している。もっとも、当時の大学進学率はわずか十五%だった。下宿にテレビなんて夢のまた夢。レコードプレイヤーもあやしいもので、だからジャズ喫茶が流行った。教養主義はまだデンと居座り、理論武装のため、とにかくみんなよく本を読んだ。そんなおじさん、おばさん連中は、子どもがみな手を離れ、仕事もリタイアしたとき「古本屋」という職業への憧れが、「瞼《まぶた》の母」のように浮かぶのではなかろうか。

総務省の二〇一一年九月十五日時点での推計人口の発表に、「都道府県別の人口移動数」も集計されたが「65歳以上に限ると、2010年中の転出から転入を引いた転出超過数は東京都がもっとも多く、4348人に上った。定年退職後に出身地や地方に引っ越す人が多いとみられる」（二〇一一年九月十九日付「朝日新聞」）という。

新幹線が止まるような地方の駅前でも、全体に集客の落ち込みで疲弊し、昔ながらの商店街がどの店もシャッターを閉めているというのは、よく見る光景だ。こういった商店街では、活性化のために安い家賃で店舗を貸す制度を敷いているし、補助金を支給する自治体もある。それで暮らしていくのは難しいにしても、こういった地方の有利な制度を利用して、古本屋のない町に古本屋を開くのは一つの手だ。ネット販売と並行して、自分好みの古本屋を経営する。年金で生活費を確保し、古本の売り上げは小遣い程度でもいいというなら、実現可能だと思われる。

古本屋開業七つの鉄則

古本屋を始めるにあたって、私がこれまで取材したり、見てきた古本屋の例から、日ごろ思っていることを書いてみる。

一　内装に金をかけるな

親からの財産を受け継ぎ、貯金も潤沢なら、どんどん業者まかせにして、思い描いた夢の店を作ればいい。いや、なるべくお金をかけたくない、という人なら、内装は自分たちでやることだ。専門業者に頼めば、すぐに百万単位で資金が消えていく。そのお金があったら、仕入れの本を買ったほうがいい。私が知っている中央線沿線で始めた若い古書店主たちは、本棚を含めて、たいてい自分たちの手で店を作っている。

古本酒場**コクテイル**は、高円寺エリア内で二度移転し、都合三店舗を一から店主が作り上げた。二番目のあずま通り店は、古風な日本家屋のたたずまいを感じさせる古本棚のある酒場だったが、もとはラーメン屋。カウンターや入口の戸などは、壊された家の建築材料をインターネットで購入し、素人の大工仕事で組み立てた。西荻窪の**にわとり文庫**も、本棚を含め、すべて内装は自分たちの手でやったという。

本職から見ればアラが見えるのかもしれないが、けっして雑というわけではなく、たとえば某店では天井をひっぺがして、天井裏にあった配管が剝き出しになっているが、かえってお洒落に見える。天井もその分高くなって、空間が広がった感じだ。

壁はどうせほとんどが本棚で隠れるのだ。見苦しいところだけ壁紙を貼るなり、塗装するなりすればいい。古い映画のポスターを貼ってもいいのだ。

二　立地より店（店主）の魅力で売れ

商売をするにはまず立地、と言われる。しかし、立地のいい物件は家賃が高い。駅から離れた住宅街にあるフレンチレストランやカフェでも、行ってみると満席というのはよくある。人は求めるものがあれば、多少の不便は承知でわざわざ出かける。中央線でもっとも集客のある、荻窪**ささま書店**や西荻**古書音羽館**などは、それほど立地条件に恵まれているわけではない。いずれも駅から少し歩くし、「古書音羽館」など裏通りの、そのまた路地を一つ入ったところにある。みな、わざわざ足を運んでいるのだ。

何かのついでにとか、駅前だからすぐ、なんて客のことは古本屋の場合、あまり考えなくていい。いかに魅力的な店作りをし、リピーターを増やすか。それは、店、あるいは店主の魅力にかかっている。

だから、気むずかしい顔の主人は裏方に徹し、気さくで明るい奥さんがいるなら、できるだけ店番をしてもらう。そのほうがいい。奥さんにその分、頭が上がらなくなりますが、いいでしょう、それぐらいは。奥さんがイラストの描ける人ならもっといい。ショップカードやチラシ、周囲の古本屋マップなど、いまの若いお客さんはフライヤー（販促用のチラシ）が大好き。しかも、デザイン感覚が鋭いから、ちゃちなのはダメなんですね。西荻「にわとり文庫」夫人は西村博子さんというイラストレーター。そのセンスが、店作りにも生きています。なずな屋主人の尾崎澄子さんは、石丸澄子名で槇原敬之のCDジャケットを始め、古書展ポスター、本の装幀などを手がけるシルクスクリーンの作家でもある。彼女が手がけたデザイン作品が、店内の随所で見られて、古く懐かしい、それでいてポップな「なずな屋」の味を作り出している（現在は休業中）。

三　異色の棚を一つは設けよ

店の広さの問題もあるが、あれも置く、これも置くというふうに、売れ筋ばかりを並べるのも考えものだ。売れ筋はどこも同じ。となると、あとは価格の比較合戦になる。資金のない店は不利だ。それより、ここだけは他店に負けないという品揃えの棚を一つ作ることだ。学生運動をやった人なら、思想関係の本を集めるのもいい。一九六八年に出た本をなんでもいいから集めてひと棚作るというのもおもしろい。それぞれまったく関係のない本から、一九六八年が見えてくる。

もちろん趣味に走って、釣り、囲碁、プロレス、阪神タイガース、昭和歌謡、日活映画、などでもいい。出身県の本を集めると、同じ出身県の人が客になってくれるはず。一つ、強い売りができれば、それが店の個性の核になっていく。また、その強い棚に引かれるように、本も集まってくる。

東京には、杉並区阿佐ヶ谷の**穂高書房**が山岳書、葛飾区お花茶屋の**青木書店**と中野区新井の**ブック・ガレージ**、練馬区大泉の**アカシア書店**が自動車・オートバイ、荒川区荒川の**稲垣書店**が映画と、脇目も振らずジャンルを限定特化して成り立つ店もある。アイデア次第で、需要のある分野の専門店は、まだまだ可能性を秘めている。

四　売り場が多少狭くなってもバックヤードを確保せよ

早稲田古書店街の三**楽書房**の二階に**丸**三**文庫**という、まだ若い店主が始めた古本屋がある。あまり広くない店内なのに、レジの後ろにちゃんと在庫スペースを確保していた。通路には本を積んでいない。それで感心したのだ。

本来は、店に並ぶ本の量の三倍は必要と言われ、目録や即売展でも本を売る店は、だいたい倉庫を持っているものだ。しかし、倉庫管理をよほどうまくやらないと、大きめのトランクルームみたいになって、何がどこにあるやら、とにかく詰め込んであるだけ、という顛末にもなる。それに月々の店の家賃プラス倉庫代はやっぱり新参の古本屋にはきつい。

できれば、店内の片隅を仕切ってバックヤードを作ることだ。いちばんマズいのは、ついつい本棚と本棚の間の通路に在庫の本を積みあげてしまうことで、客にとっても邪魔だし、後ろの本棚が見えないから、死蔵することになる。大阪府寝屋川市の**金箔書房**主人は、通路に本を積むことだけは絶対にしない、と店を始めるとき、自分に誓ったそうだ。

五　元の職業を活かせ

ある店のご主人がもと演劇畑の出身で、店を作るにあたって、舞台で大道具担当の友人に、本棚製作を手伝ってもらったという。大道具は大工仕事はお手のもの。本職を雇えば、大変な出費となる。小金井市で美術書専門の目録を発行している**えびな書店**店主の蝦名則《のり》さんは、もと編集者。美術雑誌の編集の経験もあり、目録を雑誌に見立てて特集主義を打ち出し、読み捨てではない、目録自体の魅力が評価され名を知らしめた。

いきなり古本屋ではなく、別の社会経験を経て、人より遅く古本屋になることをハンデと感じる必要はない。むしろ、他の世界を経験していることを、古本屋という新しい職種に生かせばいいのだ。青山の**古書日月堂**佐藤真砂さんは、大手百貨店で催事の企画運営を長く担当していた。古本屋に転向してからも、「女性だけの古本市」や、つぶれた活版印刷所の活字などを展示販売するなど、さまざまなイベントを打ち出してきた。最初からどっぷり古本屋という人には、とてもできない仕事だ。

元の職業を、その職能そのままではないにしても、積み重ねた経験として古本屋という職業のなかでうまく生かす。生かす道を見つける。これが武器となるのだ。

六　おいしいパン屋が近くにあるといい

東京・西荻窪の**盛林堂書房**は、いま若い二代目店主が、文学書やミステリのいちばんいいところだけを集めた、思わず息を呑む棚を作って集客している。その店主が言うことには、「最近、近くにあった人気のパン屋さんが閉じて、困ってるんです」。おいしいパン屋のすごいところは、気に入ったら、わざわざ電車に乗ってでもその店めがけて客が来ることだ。そのパン屋への道すがら、ほんの数%でも本好きが古本屋へ立ち寄れば、これはバカにならない。

そして、おいしいパン屋は店主の高齢化などの特別な理由がないかぎり、その土地に定着し、長続きする。駅からの動線を考えて、その途中に古本屋を開くというのはいい手だ。近くに雰囲気のいい喫茶店、あるいは蕎麦屋があるというのもポイントが高い。家賃や敷金、駅から徒歩何分などといった不動産情報も大事だが、その町に一業種として溶け込むために、周囲にどういう店があるかチェックしたほうがいい。近くに美術系の大学や専門学校があれば、当然ながら美術書やデザイン関係の本を充実させたい。「地の利」を生かすことは、古本屋でなくても商売の鉄則だ。

七　坂道の古本屋

最後に、これは私からの勝手な希望。「坂道にある古本屋」も、店探しの際にぜひ候補に挙げていただきたい。

「淋しくなると訪ねる　坂道の古本屋　立ち読みをする君に　逢える気がして」と歌った岡田奈々の「青春の坂道」が好きで、よくここだけ口ずさむ。そして、「あるといいなあ、坂道に古本屋が」と思うのだ。これが、意外に「ない」のだ。

東京・小石川に**土屋書店**という坂道の古本屋がある。ガタピシと戸を開くと本の匂いがする、純正の「古本屋」で、詩集や歌集、句集の専門店というのもいい。渡辺武信の映画論集『ヒーローの夢と死』（思潮社）を見つけて、これは専門外だから安くついているに違いない、と思ったら三千円と値がついてた。わかってらっしゃる。

神戸市灘区、六甲駅から坂を登った途中に店を構えるのが**口笛文庫**。若い店主がいつもジャズを流しながら、音楽書をはじめ、古い雑誌などを置き、本に対するていねいな視線が感じられ気持ちのいい店だ。こんなところで立ち読みをする（本当は買ったほうがいい）君に逢えるなら、恋人よ坂を上りなさいと言いたくなる。

あと、大物は江戸川乱歩。かつて東京文京区の団子坂という坂で「三人書房」という古本屋を短期間だが営業していた。『D坂の殺人事件』に登場する古本屋は、「二軒半間口の手狭な店」とあるが、「三人書房」体験が生かされている。これから古本屋を始めようとする人がいたら、「坂道の古本屋」をぜひ。

コラム　達人に学べ！❽

坪内祐三

劣悪な感じにリアリティーあり

それまでは古書研究や古書随筆というものは、われわれの父親か祖父の世代が書いていた。一九九〇年代後半ぐらいから、北尾トロ、喜国《きくに》雅彦、松沢呉一《くれいち》、唐沢俊一《しゅんいち》、田中栞《しおり》など、私と同世代の〝古本者〟が登場してきた。従来のシブい地味な古書随筆の枠をはずし、マンガやSFもありのカラフルでポップな領域にまで手を広げたのが特徴（もちろん、大先輩の横田順彌さんの功績は無視できない）。いずれも一九五〇年代後半生まれ世代で、これらがいっせいに出て来たという印象だった。私もその一人。しかし、もっとも強い印象で躍り出て、次々と重要な仕事をして後続の世代に大きな影響を及ぼしたのが坪内祐三さんだ。

坪内さんの文章を読んで、いつも感心するのは、書物を巡る「気になること」の深さ、広さだ。たとえば、『古本的』（毎日新聞社）を見てみよう。年明けの銀座松屋デパートの即売展で、戦前に出た『文体』という随筆集を見つける。以下、一冊の古本を巡り、カチカチと坪内さんの頭のなかで、歯車が動きだす。

「いつもの私の習性で、まず、値段をチェックしてみる。千五百円。高くはない。それからおもむろに表紙をめくってみると、『文体社編纂　文体第二巻（上）　昭和九年度合本』とある。

つまり、雑誌『文体』の合本？

だけど、少し変だ。宇野千代が出していた戦前の雑誌『文体』の発行元はスタイル社であるし、それが文体社と名称が変わったのは戦後のことだから。

すると、これはいったいどんな雑誌なのだろうと気になって、目次を開くと、これが、とても豪華な雑誌なのだ」

古本を手に取ってから、手がどう動くか、頭のなかに散らばった知識がどう整理され、目の前の本にヒットしていくかが、これでよくわかる。

そして、執筆陣が山本笑月、白石實三《じつぞう》、松根東洋城《とうようじょう》、松澤兼人、飛田穂洲《とびたすいしゅう》、横山健堂、織田萬《よろず》と「魅力的なラインアップ」であることを確認する。さらに……「奥付を見ると、『編纂兼發行者』として岩本和三郎の名前がある。岩本和三郎なら、あの伝説の名雑誌『書物展望』の創刊スタッフで、あの齋藤昌三より前に同誌の編集兼発行人をつとめていた男だ。だとしたら面白いはずだ。これはお買い得だ」と続いていく。

この、いちいち目の前に現れる固有名詞への反応がすばらしい。読書家としての〝運動神経〟のよさを感じるのだ。ものをよく知っているという前提はもちろんのこと、それを古本漁りの現場で、自分の手足のようにうまく使う。知識がつねに現役で生きている。

同じ古本会場で、同じ古本を見ていたとしても、この「気になる」ことの多さ、少なさでおもしろさがまるっきり違ってくる。「今日はロクな本がねえなあ」というAさんのボヤキは丸呑みできない。Bさんが見れば違ってくるからだ。

石神井書林《しゃくじい》目録で、雑誌『不同調』の復活第一号を買った話。大正時代に中村武羅夫《むらお》が作った雑誌が『不同調』。それが戦後に復刊された。その第一号はわずか四十ページ。野口冨士男の短篇「露きえず」が半分ぐらいを占めている。しかも終戦直後とあって紙質が悪い。いや「紙の質だけでなく、印刷の状態も、かなり悪い」。悪口かと思うとそうじゃない。「けれど、その劣悪な感じが、この終戦直後の東京を舞台とした名短篇にふさわしい。作品のリアリティーがぐっと増す」と坪内さんは書くのだ。

紙質もよく、状態もよい文芸書の「極美」本はたしかに魅力的だけれど、古本には背負った時代と、通過した時間がある。あまりに過度な美本志向は、処女信仰みたいでちょっと気味が悪い。「紙の質だけでなく、印刷の状態もかなり悪い」からこそ、伝わってくる時代のリアリティーがある。そこがおもしろい、と感じる度量が、古本買いには欲しいところだ。

あとがき

これまでに私は、ライター稼業二十年ほどの間に、「古本」（古書）と名のつく著書を、十冊近く出してきた。今回、それらの集大成という気持ちで、この本『古本道入門』を書いた。過去に書いた本との重複があるかもしれないが、自分で古本を買い始めた頃に戻って、まっさらな気持ちで挑んだつもりである。

「茶道」「華道」「柔道」と、日本には古来、「道」と名のつく伝統的な世界がある。師匠がいて、それは後進に受け継がれていく。伝統の継承とともに革新があり、「道」そのものが、時代にあわせて強固になり洗練されていくのだ。

そういう意味では「古本」にも「道」はあるだろう、と考えた。本書の中でも触れたが、「古本」の扱う時代やジャンルはじつに幅広く、多岐に分かれ、それぞれの専門家がいる。ときに、それは学者が扱う領域となり、素人ではとても理解が及ばない、深淵で、難解な世界と化している。よって、「古本」および「古書」が、初心者にとって、何か非常に敷居が高く、難しいものと思われても仕方がない面があった。

ところが、新古書店と呼ばれる、私流の言い方では「ファミレス」型の古本屋が増えてからは、従来の「古本」が持つイメージは払拭され、ダンピングされた新刊書というイメージで古本に接する人が出てきた。新古書店への批判や功罪は別として、そこまで視野を広げないと、いまや「古本」と呼ばれるものの総体はつかめない。

しかし、それはあくまで入口であって、もっとその先に、鬱蒼とした古本の森が広がっている。私は「古本の森」のことも知る番人として、入口でとまどう初心者の人たちに、森のなかを覗いてもらおうと、この入門書を書いた。

古本は知れば知るほど、おもしろさが増幅され、より深くなっていく。「読書」の幅を広げるツールでもある。本好きなら、そのことですでに、この世界へのパスポートは与えられているといっていい。長い人生、古本の魅力を知らずに済ませるのはもったいない。時代の刻印がある、さまざまな所有者がバトンのように受け継いできた古本を、どうぞ、手に触れてみてほしい。そこから「道」は生まれ、先へ続いていく。本書がその手助けになれば幸いだ。

本書は、担当編集者の田中正敏さんが雑誌『中央公論』に在籍中、古本屋巡りの記事を何度か書かせてもらったことが機縁で生まれた。第4・5章に、一部それらは生かされている。田中さんには、執筆中にもたびたびアドバイスをいただいた。ほぼ一ヵ月強で、書き上げられたのも、よき伴走者に恵まれたからである。ありがとう。

二〇一一年十一月一日

岡崎武志

中公文庫版『古本道入門』のためのあとがき

本書の元版となる中公新書ラクレが同名タイトルで刊行されたのは、二〇一一年十二月。五年も前のことだ。こうして今回、中公文庫に入れてもらうことになり、何度か読み返してみたが、この間に消えた古本屋が多いのに驚いた。あわてて調査し直して、なるべく現時点（二〇一七年一月）のデータに書き換えた。しかし、限界はあり、いま又、本書で触れたお店が、ひっそりと閉じているかもしれない。多少の遺漏はお許しいただきたい。

そうは言っても、この文庫版『古本道入門』は、私にとって現時点における持てる力を全て投入したつもりである。その点については、いささか自信がある。これ以上、もう「古本」や「古本屋」について、言うことは何もない。手持ちの札は使い尽くした感じだ。以後、「古本」や「古本屋」について、取材を受ける際は、この一冊を読んでからにしてくれ、と言うつもり。

今年、三月二十八日で、私は六十歳。還暦を迎える。どうにかここまで、よくぞ「書く仕事」でやって来られたものだと感慨がある。中公文庫は、日本文学が肌色の背で統一された時代から、ずっと憧れの文庫。仲間と作っていた雑誌『sumus』で中公文庫特集を組んだこともある。この号はよく売れて完売した。

そんな仰ぎ見る叢書のラインナップに加えていただいたことは、もの書き稼業の途上で、多大なる誇りである。以後の励みとしたい。席を設けてくれたのは藤平歩さん。『中央公論』誌で、「ベストセラー診察室」を連載していた際の担当編集者で、これは藤平さんの手で、二〇〇八年に同社から『ベストセラーだって面白い』というタイトルで単行本化された。藤平さんとは、節目、節目でいい仕事をさせてもらった、という思いがある。

これを書いているのが、二〇一七年正月明け。年末、年始は古本屋が休業する時期であり、われわれ「古本者」は冬眠している。そろそろ穴蔵から出て、新年の口開けは、どの店から始めるか、と手ぐすね引いているところだ。

中公新書ラクレ版の帯には、「敷居は低いが、奥は深い。」という惹句がついている。

この思いそのままで、私はこれからも古本道の「奥の細道」をあわてず騒がず、邁進していくつもりである。

なお、文庫版カバーの版画を、森英二郎さんが引き受けてくださった。これは望外の喜びであった。大阪人の私にとって、森さんの名前は、伝説の情報誌『プレイガイドジャーナル』時代から親しみを持ち、愛聴する西岡恭蔵のＬＰ「街行き村行き」ジャケットも森さんだったし、敬愛する川本三郎さんの著作も多く森さんの手による等々と、尽きせぬ一方的な思いがある。

そんなわけで中公文庫版『古本道入門』は、還暦を迎えるにあたって、記念すべき一冊となった。

二〇一七年一月

岡崎武志

本書における、古書店等のデータは、可能なかぎり二〇一七年一月時点のものに更新しました。初出時に掲載の古書店には、移転・閉店や店名変更したものがあります。

本文ＤＴＰ　市川真樹子

『古本道入門　買うたのしみ、売るよろこび』　二〇一一年十二月　中公新書ラクレ406

中公文庫

古本道入門《ふるほんどうにゅうもん》

——買《か》うたのしみ、売《う》るよろこび

2017年2月25日　初版発行

著　者　岡《おか》崎《ざき》 武《たけ》志《し》

発行者　大橋 善光

発行所　中央公論新社
〒100-8152　東京都千代田区大手町1-7-1
電話　販売 03-5299-1730　編集 03-5299-1890
URL http://www.chuko.co.jp/

印　刷　三晃印刷
製　本　小泉製本

Published by CHUOKORON-SHINSHA, INC.
Printed in Japan　ISBN978-4-12-206363-1 C1195

各書目の下段の数字はISBNコードです。978－4－12が省略してあります。

中公文庫既刊より

あ-17-2
やちまた（上） 足立巻《けん》一《いち》
宣長の長男で、日本語の動詞活用を研究、『詞《ことば》の八衢《やちまた》』を著し国語学史上に不滅の業績を残した本居春庭《もとおりはるにわ》。その生涯を辿る傑作評伝。芸術選奨文部大臣賞受賞作。
206097-5

あ-17-3
やちまた（下） 足立巻一
四十年の半生をかけた、本居春庭とその著作の探究。時の移ろいのなかで、春庭の生涯と著者の魂が融け合う、類い希な評伝文学。〈巻末エッセイ〉呉 智英
206098-2

あ-69-1
追悼の達人 嵐山光三郎
情死した有島武郎に送られた追悼は？ 三島由紀夫の死に同時代の知識人はどう反応したか。作家49人に寄せられた追悼を手がかりに彼らの人生を照射する。
205432-5

あ-69-3
桃仙人 小説 深沢七郎 嵐山光三郎
「深沢さんはアクマのようにすてきな人でした」。斬り捨てられる恐怖と背中合わせの、甘美でひりひりした関係を通して、稀有な作家の素顔を描く。
205747-0

あ-69-4
書斎は戦場なり 小説・山田美妙 嵐山光三郎
言文一致をひっさげ、若くして文壇に躍り出た山田美妙。スキャンダルに絡め取られながらも書斎という戦場で戦い抜いた生涯に迫る。〈解説〉坂崎重盛
205995-5

あ-74-1
私は猫ストーカー 完全版 浅生ハルミン
猫と同じ空気を吸い、束の間の逢瀬に身もだえる……。猫追いの果てに「私」が見たものは⁉ 『帰って来た猫ストーカー』も合わせた完全版。〈解説〉穂村 弘
205751-7

あ-74-2
猫の目散歩 浅生ハルミン
吉原・谷中・根津・雑司ヶ谷……。「私の中の猫」に導かれ、猫のいる町、路地を行く。猫目線で見聞を綴る、イラスト入り町歩きエッセイ。〈解説〉嵐山光三郎
206292-4

い-35-23
井上ひさしの読書眼鏡
井上ひさし
面白くて、恐ろしい本の数々。足かけ四年にわたり新聞連載された表題コラム34編。そして、藤沢周平、米原万里の本を論じる、最後の書評集。〈解説〉松山　巖
206180-4

い-119-1
告白的読書論
石井洋二郎
人はなぜ本を読むのか。読書の歓びを心底味わえるのは思春期だけなのか。何を、いつ、どう読んだかを綴る、赤裸な読書体験記。本は滅びてはならない。
205754-8

お-80-2
芸談・食談・粋談
柳家小さん
興津　要
落語家として初の人間国宝になった昭和の大名人が、江戸文学の泰斗を相手に、芸、食、そして「江戸の粋」の本質に至るまで縦横無尽に語り尽くした名対談。
205794-4

か-56-1
パリ時間旅行
鹿島　茂
オスマン改造以前、19世紀パリの原風景へと誘うエッセイ集。ボードレール、プルーストの時代のパリが鮮やかに甦る。図版多数収載。〈解説〉小川洋子
203459-4

か-56-2
明日は舞踏会
鹿島　茂
19世紀パリ、乙女たちの憧れは華やかな舞踏会！　フロベール、バルザックなどの作品を題材に、当時の女性の夢と現実を活写する。〈解説〉岸本葉子
203618-5

か-56-4
パリ五段活用　時間の迷宮都市を歩く
鹿島　茂
マリ・アントワネット、バルザック、プルースト――パリには多くの記憶が眠る。食べる、歩くなど八つのテーマでパリを読み解く知的ガイド。〈解説〉にむらじゅんこ
204192-9

か-56-9
文学的パリガイド
鹿島　茂
24の観光地と24人の文学者を結ぶことで、パリの文学的トポグラフィが浮かび上がる。新しいパリが見つかる、鹿島流パリの歩き方。〈解説〉雨宮塔子
205182-9

か-56-11
パリの異邦人
鹿島　茂
訪れる人に新しい生命を与え、人生を変えてしまう街――パリ。リルケ、ヘミングウェイ、オーウェルら、触媒都市・パリに魅せられた異邦人たちの肖像。
205483-7

各書目の下段の数字はISBNコードです。978－4－12が省略してあります。

か-56-12
昭和怪優伝 帰ってきた昭和脇役名画館
鹿島　茂

荒木一郎、岸田森、川地民夫、成田三樹夫……。今なお眼に焼き付いて離れない昭和の怪優十二人を、映画狂・鹿島茂が語り尽くす！　全邦画ファン、刮目せよ！

205850-7

か-56-13
パリの日本人
鹿島　茂

西園寺公望、成島柳北、原敬、獅子文六……。最盛期のパリを訪れた日本人が見たものとは？　文庫用に新たに「パリの昭和天皇」収録。〈解説〉森まゆみ

206206-1

か-61-1
愛してるなんていうわけないだろ
角田光代

時間を気にせず靴を履き、いつでも自由な夜の中に飛び出していけるよう…好きな人のもとへ、タクシーをぶっ飛ばすのだ！　エッセイデビュー作の復刊。

203611-6

か-61-2
夜をゆく飛行機
角田光代

谷島酒店の四女里々子には「ぴょん吉」と名付けた弟がいて……うとましいけれど憎めない、古ぼけてるから懐かしい家族の日々を温かに描く長篇小説。

205146-1

か-61-3
八日目の蟬《せみ》
角田光代

逃げて、逃げて、逃げのびたら、私はあなたの母になれるだろうか……。心ゆさぶるラストまで息もつがせぬ傑作長編。第二回中央公論文芸賞受賞作。〈解説〉池澤夏樹

205425-7

か-61-4
月と雷
角田光代

幼い頃暮らしをともにした見知らぬ女と男の子。再び現れたふたりを前に、泰子の今のしあわせが揺らいで……偶然がもたらす人生の変転を描く長編小説。

206120-0

く-20-1
猫
クラフト・エヴィング商會
井伏鱒二／谷崎潤一郎他

猫と暮らし、猫を愛した作家たちが思い思いに綴った珠玉の短篇集が、半世紀ぶりに生まれかわる。ゆったり流れる時間のなかで、人と動物のふれあいが浮かび上がる、贅沢な一冊。

205228-4

く-20-2
犬
クラフト・エヴィング商會
川端康成／幸田文他

ときに人に寄り添い、あるときは深い印象を残して通り過ぎていった名犬、番犬、野良犬たち。彼らと出会い、心動かされた作家たちの幻の随筆集。

205244-4

さ-71-1
東京煮込み横丁評判記　坂崎重盛
浅草、赤羽、立石のディープな酒場から銀座、神楽坂まで。うまい煮込みを出す店と、そんな店がある町を不良隠居が飲み歩く。巻末に吉田類との対談を付す。
206208-5

し-31-6
食味歳時記　獅子文六
ひと月ごとに旬の美味を取り上げ、その魅力を一年分綴る表題作ほか、ユーモアとエスプリを効かせた食談を収める、食いしん坊作家の名篇。〈解説〉遠藤哲夫
206248-1

し-31-7
私の食べ歩き　獅子文六
日本で、そしてフランス滞在で磨きをかけた食の感性と、美味への探求心。「食の神髄は惣菜にあり」との境地を綴る食味随筆の傑作。〈解説〉高崎俊夫
206288-7

す-24-1
本に読まれて　須賀敦子
バロウズ、タブッキ、ブローデル、ヴェイユ、池澤夏樹……。こよなく本を愛した著者の、読む歓びが波のようにおしよせる情感豊かな読書日記。
203926-1

た-11-2
本とその周辺　武井武雄
本の美術に情熱を注ぎつづける著者が、多様な技法を探求しつつ珠玉のような手作りの本を生み出す苦心と喜びを語る、愛書家必読の好著。〈解説〉飯沢　匡
205931-3

は-58-1
暮しの眼鏡　花森安治
ミイハアを笑うものは、ミイハアに泣かされる。衣食住、風俗など、身近なできごとからユーモアとエスプリたっぷりに「世の中にもの申す」。〈解説〉松浦弥太郎
204977-2

は-58-2
風俗時評　花森安治
風俗やファッションをテーマに、滑稽な人間模様を洒脱に語る。特権意識や見栄っ張りを嫌った花森イズムが時空を超えて迫る！〈解説〉岸本葉子
206211-5

は-58-3
逆立ちの世の中　花森安治
世間に異議申し立てをし続けた日々をユーモラスに描く。また家族や悪戯三昧の学生時代を回顧。伝説の反骨編集者の原点となるエッセイを初文庫化。
206227-6

各書目の下段の数字はISBNコードです。978-4-12が省略してあります。

ほ-16-1
回送電車
堀江敏幸
評論とエッセイ、小説。その「はざま」にある何かを求め、文学の諸領域を軽やかに横断する――著者の本領が発揮された、軽やかでゆるやかな散文集。
204989-5

ほ-16-2
一階でも二階でもない夜 回送電車Ⅱ
堀江敏幸
須賀敦子ら7人のポルトレ、10年ぶりのフランス長期滞在で感じたこと、なにげない日常のなかに見出した秘蹟の数々……54篇の散文に独自の世界が立ち上がる。〈解説〉竹西寛子
205243-7

ほ-16-3
ゼラニウム
堀江敏幸
彼女と私の間を、親しみと哀しみを湛えて、清らかな水が流れていく――。異国に暮らした男と個性的で印象深い女たちの物語。ほのかな官能とユーモアを湛えた珠玉の短篇集。
205365-6

ほ-16-5
アイロンと朝の詩人 回送電車Ⅲ
堀江敏幸
一本のスラックスが、やわらかい平均台になって彼女を呼んでいた――。ぐいぐいと、そしてゆっくりと、読み手を誘う四十九篇。好評「回送電車」シリーズ第三弾。
205708-1

ほ-16-6
正弦曲線
堀江敏幸
サイン、コサイン、タンジェント。この秘密の呪文で始動する、規則正しい波形のように――暮らしはめぐる。思いもめぐる。第61回読売文学賞受賞作。
205865-1

ほ-16-7
象が踏んでも 回送電車Ⅳ
堀江敏幸
一日一日を「緊張感のあるぼんやり」のなかで過ごしたい――異質な他者や、曖昧な時間が行きかう時空を泳ぐ、初の長篇詩と散文集。シリーズ第四弾。
206025-8

ゆ-5-1
本のなかの旅
湯川豊
宮本常一、吉田健一、金子光晴、大岡昇平……。何かにつき動かされるように旅を重ねた十八人が遺した本から、旅の記憶を読み解く珠玉のエッセイ集。
206229-0

ハ-6-1
チャリング・クロス街84番地 書物を愛する人のための本
ヘレーン・ハンフ編著
江藤淳訳
ロンドンの古書店とアメリカの一女性との二十年にわたる心温まる交流――書物を読む喜びと思いやりに満ちた爽やかな一冊を真に書物を愛する人に贈る。
201163-2